京氏易

序錄

漢藝文志孟氏京房十一篇災異孟氏京房六十六篇

京氏段嘉十二篇

七錄十卷錄一卷目釋文引

釋文序錄京房章句十二卷

隋經籍志周易十卷漢魏郡太守京房章句右易類○梁有京氏征伐軍候八卷兵書雜占十卷注右兵類○京氏釋五星災異傳一卷○京氏日占圖三卷右天文類○京氏要集麻術四卷麻術一卷注亡右麻數類○風角要占三卷梁八卷京房撰○梁有風角五音占五卷京房撰亡五音相動法一卷注○風角雜

占五音圖十三卷京房撰○逆刺一卷京房撰○方正百對一卷京房撰○晉災祥一卷京房撰○周易占事十二卷漢魏郡太守京房撰○周易占十二卷京房撰○梁周易妖占十三卷京房撰周易占注○周易守林三卷京房撰○周易集林十二卷京房撰七錄云伏萬壽撰○周易飛候九卷京房撰梁有周易飛候六日七分八卷亡○周易飛候六卷京房撰○周易四時候四卷京房撰○周易錯卦七卷京房撰○周易渾沌四卷京房撰○周易委化四卷京房撰○周易逆刺占災異十二卷京房撰○京君明推偷盜書一卷○占夢書三卷京房撰右五行類

唐藝文志周易京房章句十卷（右易類）○京氏周易四時候二卷○周易飛候六卷○周易渾沌四卷○周易錯卦八卷○逆刺三卷（右五行類）

通志藝文略周易十卷漢魏郡太守京房章句易傳三卷漢京房傳吳陸績注（右經類傳）○京氏釋五星災異傳一卷○京氏日占圖一卷（右天文類五星日月占）○周易守林三卷京房撰○周易集林十二卷京房撰○周易妖占十三卷京房撰○周易逆刺占災異十二卷京房撰一云費直○周易飛候九卷京房撰○又六卷京房撰○周易飛伏例一卷○周易四時候四卷京房撰○周易飛候六日七分八卷○周易渾沌四卷京房撰○周易委化

四卷京房撰○周易律厤一卷京房撰右五行類易占○災祥
一卷京房撰右史類祥異○占夢書三卷京房撰右五行類夢占○
風角要占三卷京氏撰○風角雜占五行圖十三卷京
房撰右五行類風角○逆刺三卷京房撰隋志一卷右五行類逆刺
中興書目京房易傳三卷陸績注　□□飛伏五星
氣候訓解卦義○又易傳積算法一卷　□卦六爻陰
陽升降各主其位凡吉凶自□□□□知之玉海引
國史志京房周易律厤一卷題虞翻注玉海引
晁公武讀書志京房易三卷隋有京房章句十卷此書
舊題京房傳吳陸績注大抵星行氣候之學非章句也
玉海晁說之曰漢藝文志易京氏凡三種八十九篇隋

經籍志有京章句十卷又有占候十種六十三卷唐藝文志有京章句十卷而占候存者五種二十三卷今其章句亡矣乃略見於僧一行及李鼎祚之書而其傳者曰易傳三卷積算雜占條例法一卷或共題易傳四卷而名皆與古不同今所謂京氏易傳者或題曰京氏積算易傳疑隋唐志之錯卦是也錯卦在隋七卷唐八卷所謂積算雜占條例法者疑隋逆刺占災異十二卷是也至唐逆刺三卷而亡其九卷元祐八年高麗進書有京氏周易占十卷疑隋志周易占十二卷是也

陳振孫書錄解題京房易傳三卷積算雜占條例一卷吳鬱林太守吳郡陸績紀注京氏學廢絕久矣所謂章

句者旣不復傳而占候之存於此者僅若此較之前志什百之一二耳今世術士所用世應飛伏遊魂歸魂納甲之說皆出京氏學用其傳爲易式云或作四卷而條例居其首又有參同契律厤志易陰陽家類占言占候

宋藝文志京房周易律厤一卷○京房易傳算法一卷易傳三卷

太平御覽引　京房易傳○京房易說○京房易飛候○周易集林雜占○京房別對災異○京房風角要占○風角要訣○京房易妖占○京房五星占○京氏律術

乾象通鑑引　京房易傳　京氏外傳　京房星經外

傳　京房易飛候氣候　京房易妖占　京房易占
京氏五星占　京房災異後序　災異後論

# 京氏易目録

傳述

漢藝文志易道深矣人更三聖世歷三古及秦燔書而易以卜筮之事傳者不絕漢興田何傳之訖於宣元有施孟梁邱京氏列於學官

儒林傳京房受易梁人焦延壽延壽云嘗從孟喜問易會喜死房以爲延壽易卽孟氏學翟牧白生不肯皆曰非也

贊初易唯有楊孝宣世復立施孟梁邱易元帝世復立京氏易

後漢儒林傳東郡京房受易於梁國焦延壽别爲京氏學

又光武中興立五經博士各以家法教授易有施孟梁
邱京氏
又孫期傳建武中范升傳孟氏易而陳元鄭衆皆傳費
氏易其後馬融爲傳授鄭元元作易注荀爽又作易傳
費氏興而京氏遂衰
范升傳近有司請置京氏易博士羣下執事莫能據正
京氏既立費氏怨望
儒林傳房授東海殷嘉河東姚平河南乘宏皆爲郎博
士
漢書谷永傳其於天官京氏易最密故善言災異
後漢鄭元傳師事京兆第五先始通京氏易

沛獻王輔傳好經書善說京氏易

崔瑗傳明天官厤數京房易傳六日七分

楊秉傳少傳父業兼明京氏易傳

郎顗傳父宗學京氏易善風角星筭六日七分顗少傳父業

儒林戴憑傳習京氏易徵試博士

魏滿傳習京氏易

孫期傳少習京氏易

方術樊英傳少受業三輔習京氏易著易章句世名樊氏學

唐檀傳少遊太學習京氏易

後漢書劉昭注引謝承書劉寛少學京氏易
徐穉傳少爲諸生學京氏易
劉昭注引續漢書度尙通京氏易
晉儒林董景道傳明京氏易精究大義
隱逸郭琦傳注穀梁京氏易百卷
藝術臺產傳少傳京氏易善圖讖秘緯天文洛書風角
星算六日七分之學
玉海晁說之學京氏易像其傳爲式

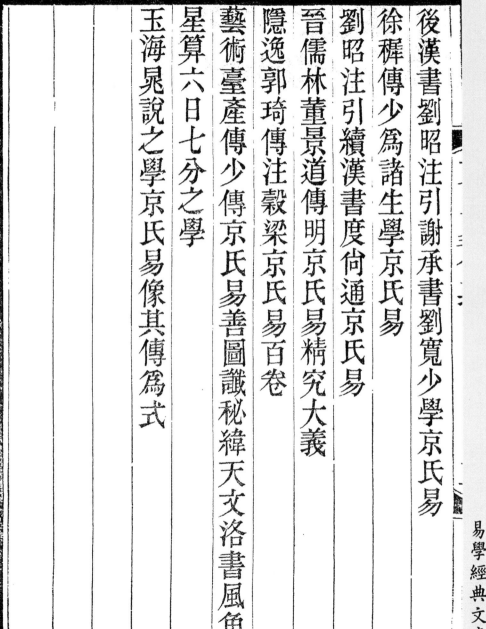

論證

漢書本傳房治易事梁人焦延壽其說長於災變分六十四卦更直日用事以風雨寒溫爲候各有占驗房用之尤精

孟康漢書本傳注分直卦日之法一爻主一日六十四卦爲三百六十日餘四卦震離坎兌爲方伯監司之官所以用震離坎兌者是二至二分用事之日又是四時各專王之氣各卦主時其占法各以其日觀其善惡也

儒林傳成帝時劉向校書考易說以爲諸易家說皆祖田何楊叔丁將軍大誼略同唯京氏爲異黨焦延壽獨得隱士之說託之孟氏不相與同

王充論衡易京氏布六十四卦於一歳中六日七分一卦用事卦有陰陽氣有升降陽升則温陰升則寒寒温隨卦而至

隋五行志易以八卦定吉凶書以九疇論休咎春秋以災祥驗行事漢時有京房之倫能言災異顧盼六經有足觀者

唐一行六卦議十二月卦出於孟氏章句其說易本於氣而後以人事明之京氏又以卦爻配期坎離震兌其用事自分至之首皆得八十分日之七十三頤晉井大畜皆五日十四分餘皆六日七分自乾象厤以降皆因京氏惟天保厤依易通統軌圖自八十有二節五卦初

爻相次用事及上爻與中氣皆終非京氏本旨
魏正光厤四正爲方伯薛瓚注漢書曰京房謂方伯卦
震兌坎離也
玉海郭璞曰尙書有五事共禦之術京房易傳有消復
之效
又程迥曰子夏易傳京房爲之箋先儒疑非卜商作朱
震易叢說曰孟喜京房之學其書槪見於一行所集大
要皆自子夏傳而出
玉海虞翻崔憬用互體京房郞顗用五行
又朱子發曰乾生三男坤生三女乾交乎坤自垢至剝
坤交乎乾自復至夬十有二卦謂之辟卦坎離震兌謂

之四正分主四時十有二卦各主其月乾正於子而左行坤正於未而右行左右交錯六十卦周天天而復伏爻者京房所傳飛伏也乾坤坎離震巽兌艮相伏見者爲飛不見者爲伏說卦其究爲躁卦例飛伏也

又晁說之曰自古易家有書而無師者多矣京氏之書幸而與存者才十之一尚何誰之師哉辨三易運五行正四時謹二十四氣悉七十二候而位五星降二十八宿其進退以幾而爲一卦之主者謂之世奇偶相與據一以超二而爲主之相者謂之應世之所位而陰陽之肆者謂之飛陰陽肇乎所配而終不脫乎本以隱賾佐神明者謂之伏起乎世而周乎內外參乎本數以紀月

者謂之建終終始始極乎數而不可窮以紀日者謂之積舍於中而以四爲用一卦備四卦者謂之互乾建甲子於初坤建甲子於上八卦之上乃生一世之初一世之五位乃分而爲五世之位其五世之上乃爲遊魂之世五世之初乃爲歸魂之世而歸魂之初乃生後卦之初其建剛日則節氣柔日則中氣其數虛則二十有八盈則三十有六蓋其可言者如此說之爲京氏易說

胡一桂曰京氏易起月例一世卦陰主五月一陰在午也陽主十一月一陽在子也二世卦陰主六月二陰在未也陽主十二月二陽在丑也三世卦陰主七月三陰在申也陽主正月三陽在寅也四世卦陰主八月四陰

在酉也陽主二月四陽在卯也五世卦陰主九月五陰
在戌也陽主三月五陽在辰也八純上世陰主十月六
陰在亥也陽主四月六陽在巳也遊魂四世所主與四
世卦同歸魂三世所主與三世同
張行成元包數總義卦氣圖之用出於孟喜章句火珠
林之用祖於京房
朱子語類曰今人以三錢當揲蓍此是以納甲附六爻
納甲乃漢焦贛京房之學
又南軒曰卜易卦以錢以甲子起卦始於京房
李本曰火珠林者出於京房而爲此書者不知何人困
學紀聞納甲之說朱文公謂今所傳京房占法見於火

珠林是其遺說

京氏易卷一

漢　魏　郡　太　守　京　房　撰

庚申科舉人充　實録館校録候選知縣王保訓集

周易章句

乾九二見龍在田利見大人

易有君人五號帝天稱一也王美稱二也天子爵號

三也大君興盛行異四也大人者聖人德備五也禮記

卷四
疏

否九五繫于苞桑

桑有衣食人之功聖人亦有天覆地載之德故以喻

李鼎祚
易解

京氏易八卷（清《木犀軒叢書》刊本）

大有九三公用享于天子

用享獻也釋文

謙彖鬼神害盈而富謙釋文　按京氏易彖象傳不分附經今姑從今易以便覆覈

豫彖故日月不過而四時不貸釋文

象先王以作樂崇德隱薦之上帝以配祖考釋文

六三汙豫釋文

九四朋盍撍釋文

剝六四剝牀以簠

簠謂祭器釋文

上九君子德輿釋文

復亨出入无疾崩來无咎釋文

大畜彖利涉大川應乎天也

謂二變五體坎故利涉大川五天位故曰應乎天李鼎祚易解

頤初九觀我揣頤釋文

習欿有孚

欿險也陷也釋文

彖水臻至釋文

九五坎不盈禔既平

禔安也釋文

離九三不鼓缶而歌則大經之嗟釋文

九四㐬如其來如董鼎周易會通載晁說之古易音訓京鄭易作焘

京氏易八卷（清《木犀軒叢書》刊本）

咸九四憧憧往來釋文

睽上九先張之弧後說之壺釋文

解象君子以赦過宥罪釋文

困九五劓刖困於赤紱釋文

井九三井渫不食爲我心惻可用汲王明並受其福

言我道可汲而用也史記屈原傳注

中孚九二我有好爵吾與爾靡之釋文

六四月近望釋文

旣濟六四繻有衣袽釋文

繫辭是故剛柔相摩八卦相蕩

相摩相磑切也釋文

鼓之以雷霆潤之以風雨

霆者雷之餘氣挺生萬物也釋文

是故君子所居而安者易之序也

序次也釋文

辨吉凶者存乎辭

辨明也釋文

是故卦有大小辭有險易

險惡也易善也

易與天地準故能彌綸天地之道

準等也彌遍綸知也釋文

旁行而不留釋文

聖人有以見天下之賾而擬諸其形容

賾情也 釋文

聖人有以見天下之動而觀其會通以行其等禮 釋文

大衍之數五十其用四十有九

五十者謂十日十二辰二十八宿也凡五十其一不用者天之生氣將欲以虛來實故用四十九焉 疏

吾與爾靡之 釋文

五歲再閏故再扐而後卦

再扐而後布卦 釋文

是故可與酬酢 釋文

六爻之義易以工 釋文

聖人以此先心釋文

古者伏戲氏之王天下也

　伏服也戲化也釋文

斵木爲耜揉木爲耒

　耜耒下耓也耒耜上句木也釋文

象也者象也釋文

文言君子體信足以長人釋文

利之足以和義釋文

說卦

日以暄之

　晅乾也釋文

坎爲彘釋文

爲柴馬

多筋幹釋文

爲遴嗇釋文

爲朱足釋文

爲矯柔釋文

爲螺釋文

爲果墮釋文

雜卦

謙輕而豫治也釋文

京氏易卷一終

# 京氏易卷二

漢　魏　郡　太　守　京　房　撰

庚申科舉人充　實錄館校錄候選知縣王保訓集

## 易傳

凡災異所生各以其政變之則除消之亦除後漢書郎顗傳

陽感天不旋日諸侯不旋時大夫不過期後漢書劉昭補注鄭元注云陽者天子爲善一日天立應以善爲惡一日天立應以惡諸侯爲善一時天立應以善爲惡一時天亦立應以惡大夫爲善一歲天立應以善大夫爲惡一歲天亦立應以惡一說云不旋日立應之不過時三辰閒不過期從今日至明日也陽即指天子也　後漢書郎顗傳引中孚傳云陽感天不旋日叉周舉傳同

有貌無實佞人也有實無貌道人也寒溫爲實清濁爲貌後漢書郎顗傳

地動陰有餘天裂陽不足此臣下盛強害君上之變也

景帝三年天東北有赤氣廣長十餘丈或曰天裂其後七國兵起 御覽天部　又咎徵部引地動陰有餘　吳淑事類賦引地動陰有餘天裂陽不足　又

萬姓勞厥妖天鳴 晉書天文志中　開元占經三　御覽咎徵部　乾象通鑑

天鳴必有殺刑失當民流亡 開元占經三

君不任賢厥妖天雨星 漢書五行志中之下　開元占經三引京氏云君不任賢厥妖天雨星也

君吝於祿信衰賢去厥妖天雨草 漢書五行志中之下

國破亡若雨韲人主殃 御覽咎徵部

平帝時雨如草狀元帝時王氏專政至於莽乃篡位政在私門之家 御覽咎徵部

歸獄不解茲謂追非厥咎天雨血茲謂不親民有怨心不出三年無其宗人漢書五行志中之下　又晉書五行志中引歸獄不解茲謂追非厥咎天雨血茲謂不親下有怨心不出三年無其宗　宋書五行志三　乾象通鑑　又開元占經三引易占云歸獄不解茲謂進非厥咎天雨血茲謂不親黔首怨之不出三年亡其宗人佞人用功

佞人祿功臣僇天雨血漢書五行志中之下　晉書五行志中　宋書五行志三　乾象通鑑引佞人祿功臣僇天雨血也

前樂後憂厥妖天雨羽漢書五行志中之上　晉書五行志中　宋書五行志一

邪人進賢人逃天雨毛漢書五行志中之上　晉書五行志中　宋書五行志二　乾象通鑑引邪人進賢人退則天雨毛　開元占經三引京氏曰天雨毛邪人進賢人逃貴人走

邪進賢逃退前樂後憂金失其性則雨毛也御覽咎徵部

君丞祿信衰厥妖雨草火失其性則草妖御覽咎徵部　又乾象通

鑑引外傳云火失其性則有草妖

王者不顧骨肉不親九族天雨血一日開元占經三

血自天墮三年大兵開元占經三

內淫亂百姓勞苦則天雨土御覽咎徵部

雨五穀人相食御覽咎徵部

燕丹囚於秦天雨粟於燕後秦滅之御覽咎徵部

地裂者臣下分離不肯相從也後漢書五行志四 宋書五行志三 乾象通鑑 開元占經四引地裂坼者臣下有分離不肯相從災及王公

臣事雖正專必震其震於水則波於木則搖於屋則瓦落大經在辟而易臣茲謂陰動厥震搖政宮大經搖政茲謂不陰厥震搖山山出涌水嗣子無德專祿茲謂不

順厥震動巨陵涌水出漢書五行志下之上　晉書五行志下引臣雖正專必震　宋書五行志四引無德專祿茲謂不順厥震動巨陵涌水出　又御覽咎徵部引臣事雖正專必震於水水則波於木木則搖嗣子無德專祿茲謂不順厥震動巨陵涌水出

陰背陽則地裂父子分離夷羌叛去宋書五行志四

地坼裂者臣離相從也是時南單于衆乖離漢軍追討御覽咎徵部

地動蹶城天下亡開元占經四

火出地其國大水出其君死開元占經四

地自生卵將軍且疾開元占經四

地自生石軍可久居開元占經四

地自出五穀將軍得大道生黃色將軍得土地開元占經四

日者衆陽之精內明元黃五色無主以象人君光照無主不可以一色名也開元占經五 北堂書鈔一百四十九引日者內明元黃五色無主不可以一色名

聖主在上則日光明五色具備開元占經五 御覽天部 事類賦

日大光天下和平上下俱昌延年益壽長世無極藝文類聚天部 開元占經五無長字 乾象通鑑長作與

日上有黃芒人君福昌則日上有黃芒乾象通鑑

美不上人茲謂上弱厥異日白七日不溫順亡所制茲謂弱日白六十日物亡霜而死天子親伐茲謂不知日白體動而寒弱而有任茲謂不亡日白不溫明不動辟僭公行茲謂不伸厥異日黑大風起天無雲日光晻不

難上政茲謂見過日黑居仄大如彈丸漢書五行志下之下辟不聞道茲謂亡厥異日赤漢書五行志下之下祭天不順茲謂逆厥異日赤其中黑漢書五行志下之下晉書五行志下引祭天不順茲謂逆厥異日中有黑氣開元占經五引易占云祭天不順厥異日赤其中黑經稱觀其生言大臣之義當觀賢人知其性行推而貢之否則爲聞善不予茲謂不知厥異黃厥咎聾厥災不嗣黃者日上黃光不散如火然有黃濁氣四塞天下蔽賢絶道故災異至絶世也經曰良馬逐逐進也言大臣得賢者謀當顯進其人否則爲下相攘善茲謂盜明厥咎亦不嗣至於身僇家絶漢書五行志下之上宋書五行志三引聞善不予茲謂不知厥異黃厥咎聾厥災不嗣

人君不聞道德其亂臣背上則日赤開元占經五

上微弱無法制則日白六十日萬物無霜而死開元占經五

臣下無智勇天子自征伐則日白體動而寒開元占經五

人君弱而能任其事謂不亡則日白開元占經五

人君公行慾過不自改則日黑大風起天無雲而日光掩也開元占經五

日青色君弱也日赤色君無智也日黃色君聞善不興

日黑色君惡見於百姓也開元占經五 乾象通鑑

臣不掩君惡令不見則日變中黑黑者陰也皆以日出

日入時占乾象通鑑 又晉書天文志中引易占云日中有黑子黑者陰也臣不掩君惡令下見百姓惡君 宋書五行志三引同 又開元占經六引京房曰臣不掩君惡令下見於百姓 百姓惡君則日變中

有黑者陰也皆日出入時也

凡日食不以晦朔者名曰薄人君誅將不以理或賊臣將暴起日月雖不同宿陰氣盛薄日光也漢書五行志下之下開元占經九引蝕皆於晦朔有不於晦朔者名曰薄人君誅不以理賊臣漸舉兵而起雖非日月同宿時陰氣盛猶掩薄日光也

人君謀罰不理臣下將起則日蝕不以朔晦開元占經八

諸侯越職征伐與上分威則日蝕中分開元占經九

日者陽之精人君之象驕溢專明爲陰所侵則有日食之災不救則必有簒臣之萌其救也君懷謙虛下賢受諫任德日食之災爲消也隱公三年穀梁注又開元占經十引災異對人君驕溢專明爲陰所侵則有日蝕之災不救之必有簒臣之萌其救也君懷謙虛下賢受諫任德祿有智日蝕災消

也又乾象通鑑引人君驕佚專明爲陰所侵則有日食之變不救必有篡弑之禍

亡師茲謂不御厥異日食其食也既並食不一處誅衆失理茲謂生叛厥食既光散縱畔茲謂不明厥食先大雨三日雨除而寒寒即食專祿不封茲謂不安厥食既先日出而黑光反外燭君臣不通茲謂亡厥食三既同姓上侵茲謂誣君厥食四方有雲中央無雲其日大寒公欲弱王位茲謂不知厥食中白青四方赤已食地震諸侯相侵茲謂不承茲食三毀三復君疾善下謀上茲謂亂厥食既先雨雹殺走獸弑君獲位茲謂逆厥食既先風雨折木日赤內臣外鄉茲謂背厥食食且雨地中鳴冢宰專政茲謂因厥食先大風食時日居雲中四方

無雲伯正越職茲謂分威厥食日中分諸侯爭美於上茲謂泰厥食日傷月食侯王死（乾象通鑑　開元占經五引孝經內記圖略同）日過中時無光人君不明（乾象通鑑）日有黃暈在柳主風雨時農田治物賤國安（乾象通鑑兩引一無在柳二字）日暈有兵在外者客勝（乾象通鑑）日暈再重有德之名得天下日有青暈再重其下有兵穀貴日有赤暈再重其災在下所見之國生蝗蟲有百日旱糴貴多盜日有黃暈再重其災在公職不治好起高臺不出一年穀傷兵起日有白暈再重所見之國多風雨百姓不安有兵起穀貴日有黑暈再重其災在內

用事之臣貪財不出三年其下大水民流亡冬雪夏霜乾象通鑑

占日暈珥者宮中多事怨爭宜察之乾象通鑑

日暈有赤雲如車輪曲向日爲內提內臣叛其主一提曲背日爲外提外臣叛其主乾象通鑑

背氣在暈中青外赤臣背主命乾象通鑑

日暈上下有兩背無兵兵起有兵兵入乾象通鑑

日暈有雲如毛羽臨日不去其下國必有變憂乾象通鑑

日中有冠冕人立則天下有二主亦曰諸侯弒天子簒奪之象乾象通鑑

日月赤黃爲薄或曰不交而食曰薄漢書天文志顏師古注　開元占經

九又十七並引日
月不交而蝕日薄
厥食日傷月食半天營而鳴賦不得茲謂竭厥食星隨
而下受命之臣專征云試厥食雖侵光猶明若文王臣
獨誅紂矣小人順受命者征其君云殺厥食五色至大
寒隕霜若紂臣順武王而誅紂矣諸侯更制茲謂叛厥
食三復三食食已而風地動適讓庶茲謂生欲厥食日
失位光晻晻月形見酒亡節茲謂荒厥食乍青乍黑乍
赤明日大雨發霧而寒凡食二十占其形二十有四改
之輒除不改三年三年不改六年六年不改九年推隱
三年之食貫中央上下竟而黑臣弒從中成之形也漢書
五行志下之下　開元占經九引作亡師茲謂不禦厥
異日食其蝕既也　君誅殺失理臣下有叛心則日蝕

盡而光散君臣見災不改行國將亡則日蝕三盡也
君縱欲茲謂不明厥蝕先大雨三日雨降而寒蝕既
君臣不通茲謂亡厥蝕三既　同姓上侵茲謂誣君
厥蝕四方有雲中央無雲其日大風　臣欲居主位茲
謂不和厥蝕白青四方赤已蝕地震　君疾善下謀上
茲謂亂厥蝕既先雨雹殺走獸　弒君獲位茲謂逆厥
食既先風雨折木日赤　內臣外向茲謂背厥蝕未已
則又聞地中鳴　諸侯越職征伐與上分威則日蝕中
分　諸侯更制茲謂叛厥蝕三蝕三復已而風地
咸動　酒無節茲謂荒厥蝕作青作黑作赤作白

桓三年日食貫中央上下竟而黃臣弒而不卒之形也漢書五行志下之下

是時日食從旁右法曰君失臣日食從旁左者亦君失臣從上者臣失君從下者君失民漢書五行志下之下又開元占經九引凡日蝕從上失臣

永始元年九月日蝕酒亡節之所致也獨使京師知之

四國不見者若曰湛湎於酒君臣不別禍在內也漢書五行志下之下

永始二年二月日食賦斂不得度民愁怨之所致也所以使四方皆見京師陰蔽者若曰人君好治宮室大營墳墓賦斂茲重而百姓屈竭禍在外也漢書五行志下之下

凡日蝕其質赤黃黑而漸之者明臣侵君也日質赤黃而黑貫其中者此人君無威勢不行爲臣下所輕故臣謀欲逐其君居其處也黃尙有中和之色也故其咎也必覺謀不行君誅臣當誅而不誅則君必失其位開元占經九

日蝕赤質而黑漸之者此人君誅眾失理民持兵去之

其咎欲殺也開元占經九

日蝕赤質青黑漸之者爲三公誅衆失理民亦持兵去順受命征無道□□□□□□□□黑而貫其中臣欲殺其君不改期在九年必殺矣開元占經九

臣有伏兵將欲殺其君者日變白咎十日而去則日蝕矣白青者弱赤者無知也强臣所緣上下必由此矣黃赤者非臣所緣爲也開元占經九

人君荒酒無節則日蝕乍青乍黑乍赤乍白大雨發濛而寒地震動宮中有水開元占經九兩引

諸侯叛逆更立法度則蝕失光腌腌月形見也一作失蝕掩之日形見也開元占經九

日蝕地震一日震裂日白若中分日然見而寒乃蝕左右發四正此方伯征誅過職上侵之蝕二年殺開元占經九

親伐之蝕日體時明是不和自興兵開元占經九

日蝕其質黃者陽覺悟也寒後九十日必有諫戮者開元占經九

日蝕已而寒飢陰疾多喪開元占經九

日蝕大寒飢病非一處蝕陽下平旦蝕發於暮對蝕從外後中國大飢盜賊羣居夷狄動心後九年諸侯亂開元占經九

日蝕白氣先出半天乃蝕五色主大寒雲貫日有旋風開元占經九

日蝕先猋風一日乃蝕蝕左右四方並有雲獨中央無雲其日大寒發於風此同姓諸侯侵蝕也後九年殺開元占經九

宰相大臣專權日蝕先大風日蝕時日居中四方無雲也開元占經九

日蝕猋風雨七日折木乃蝕既此臣剝其君之蝕也五年內穀化爲蟲開元占經九

日蝕爲亂爲兵已蝕而風是謂兵起已蝕而雨是謂分殃已蝕而霧羣豪聚已蝕而□飛鳥不復其鄉開元占經九

赤質黃貫其中此君不肯用賢而任小人政教君必逐開元占經九

日蝕而雷主國亡開元占經九

日蝕而星墮蝕晝晦而星見主□□開元占經九

正月日蝕大臣出走不然一人死一作大臣有死之者開元占經十

二月日蝕人主夫人死不然大旱開元占經十

三月日蝕有欲反者近期三月遠期三年開元占經十

四月日蝕人主有過臣有憂開元占經十

五月日蝕諸侯多死期三年開元占經十

六月日蝕人主有謀外國侵土地分開元占經十

七月日蝕有反者從內起期三年開元占經十

八月日蝕大水敗城郭天下更始期三年開元占經十

九月日蝕外主欲自立不成期一年開元占經十

十月日蝕奸臣在朝二人親一人遠陵君君走開元占經十

十一月日蝕王者亡地子弒父開元占經十

十二月日蝕天下有兵大臣欲自立不成期一年開元占經

十一本作自立不成夫人弒君也

日以十二月正月蝕破爲兩以上王者盡走開元占經十

日食既則人臣逆謀將逼君篡弒之象亦曰有叛諸侯乾象通鑑

日蝕十二月正月蝕者大臣死或有黜者二月日蝕者夫人死或旱三月日蝕者其宿分有叛者四月日蝕者大臣有憂五月日蝕者諸侯死六月日蝕者人主有謀其下國亡分土七月日蝕者大水敗城郭八月日蝕者

天下更始期三年九月日蝕者有外主自立不成十月日蝕者奸臣在朝十一月日蝕者其下亡地十二月日蝕者天下有兵乾象通鑑

婦貞厲月幾望君子征凶言君弱而婦强爲陰所乘則月並出晦而月見西方謂之朓朔而月見東方謂之仄慝仄慝則侯王其肅朓則侯王其舒漢書五行志下之下乾象通鑑又開元占經十一引君弱而婦强爲陰所乘則月並出

有黑雲狀如羣羊豕如飛鳥如鳴雞在月及月旁三日五日不雨匈奴兵起開元占經十一

赤雲覆月如血光大旱人民饑千里開元占經十一

月珥期三十日兵起開元占經十二

月背珥其國有反者 開元占經十二

月與熒惑會宿國王死 開元占經十二 乾象通鑑引作月與熒惑會其宿王死

月與太白會宿太子死 開元占經十二 乾象通鑑

月蝕辰星其國女以戰亂亡 開元占經十二

星入月中權臣謀伐其主主令不行 開元占經十三

月蝕參天下有小兵 開元占經十三

凡月暈七日無雨大風兵作土功興起 開元占經十五

正月三暈所宿國小飢五暈大飢 開元占經十五

月暈十二重天下半亡 開元占經十五

月暈翼軫軍在外戰亡其偏將 開元占經十五

月暈有雲貫不出其年所值之國有喪 開元占經十六

正月三暈者民好鬬下有死亡歲大惡乾象通鑑

月犯辰星天下有水乾象通鑑

星者陰精也五行之形其體在下精燿在天百官之本各因其原星飛反行萬民不安大星隕下陽失其位災害之萌也其救也人君當悔過反政克己責躬省徭役安國封侯以寧民爲先則禍正也開元占經七十六

星與月同光臣下作亂乾象通鑑　又開元占經十三引易妖占云星與月同光臣下能亂君則人民非上　又一引京氏云星與月同光臣下作亂人民非上令不行

月中有星天下有賊星多者賊多乾象通鑑　開元占經七十七

有流星於北斗旁明如炬火長六七尺如繒布賊臣專制天下期三年乾象通鑑　開元占經七十四引京氏同

潛龍勿用眾逆同志至德乃潛厥異風其風也行不解物不長雨小而傷政悖德隱茲謂亂厥風先風不雨大風暴起發屋折木守義不進茲謂耄厥風與雲俱起折五穀莖臣易上政茲謂不順厥風大焱發屋賦斂不理茲謂禍厥風絕經紀止卽溫溫卽蟲侯專封茲謂不統厥風疾而樹不搖穀不成辟不思道利茲謂無澤厥風不搖木旱無雲傷禾公常於利茲謂亂厥風微而溫生蟲蝗害五穀棄正作淫茲謂惑厥風溫螟蟲起害有益人之物侯不朝茲謂叛厥風無恆地變赤而殺人漢書五行志下之上　宋書五行志五引耄作眊焱作飈地變赤而殺人作地變赤雨殺人餘同　北魏靈徵志下引眾逆同志至德乃潛厥風　隋書五行志下引眾逆同志至德乃潛厥異風　御覽咎徵部引眾逆同志暴風將

起
后專拜厥風疾而樹不搖不循道厥風不搖草御覽咎徵部
冬雨天下饑春雨有小兵南齊書十九五行志
臣私祿及親茲謂罔辟厥異蒙其蒙先大溫已蒙起日
不見行善不請於上茲謂作福蒙一日五起五解辟不
下謀臣辟異道茲謂不見上蒙下霧風三變而俱解立
嗣子疑茲謂動欲蒙赤日不明德不序茲謂不聽蒙日
不明溫而民病德不試空言祿茲謂主窳臣夭蒙起而
白君樂逸人茲謂放蒙日青黑雲夾日左右前後行過
日公不任職茲謂怙祿蒙三日又大風五日蒙不解利
邪以食茲謂閉上蒙大起白雲如山行蔽日公懼不言

道茲謂蔽下蒙大起日不見若雨不雨至十二日解而
有大雲蔽日祿生於下茲謂誣君蒙微而小雨已乃大
雨下相攘善茲謂盜明蒙黃濁下陳功求於上茲謂不
知蒙微而赤風鳴條解復蒙下專刑茲謂分威蒙而日
不得明大臣厭小臣茲謂蔽蒙微日不明若解不解大
風發赤雲起而蔽日眾不惡惡茲謂蔽蒙尊卦用事三
日而起日不見漏言無喜茲謂下厝用蒙微日無光有
雨雲雨不降廢忠惑佞茲謂亡蒙天先清而暴蒙微而
日不明有逸民茲謂不明蒙濁奪日光公不任職茲謂
不紬蒙白三辰止則日青青而寒寒必雨忠臣進善君
不試茲謂遏蒙先小雨雨已蒙起微而日不明惑眾在

位茲謂覆國蒙微而日不明一溫一寒風揚塵知佞厚之茲謂痺蒙甚而溫君臣故弼茲謂悖厥災風雨霧風拔木亂五穀已而大霧庶正蔽惡茲謂生孽災厥異霧此皆陰雲之類云漢書五行志下之上　晉書五行志上引臣私祿及親至茲謂分威蒙而日不得明同　又開元占經九十八乾象通鑑引外傳云臣專刑茲謂分威蒙微而日不明

久陰不雨亂氣也蒙之比也蒙者君臣上下相冒亂也後漢書郎顗傳引易內傳

賢德不用厥異常陰後漢書郎顗傳

赤雲如蒐蜀國當富北堂書鈔天部

漢川有黑雲大如席不出五日必雨名曰海雲北堂書鈔天部

四至見青白赤黑雲在東南西北名曰四塞之雲也北堂

有蜺蒙霧霧上下合也蒙如塵雲蜺日旁氣也其占曰

書鈔天部

后妃有專蜺再重赤而專至衝旱妻不壹順黑蜺四背又白蜺雙出日中妻以貴高夫茲謂擅陽蜺四方日光不揚解而溫內取茲謂禽蜺如禽在日旁以尊降妃茲謂薄嗣蜺直而塞六辰迺除夜星見而赤女不變始茲謂乘夫蜺白在日側黑蜺果之氣正直妻不順正茲謂擅陽蜺中窺貫而外專夫妻不嚴茲謂媟蜺與日會婦人擅國茲謂頃蜺白貫日中赤蜺四背適不答茲謂不次蜺直在左蜺交在右取於不專茲謂危嗣蜺抱日兩末及君淫外茲謂亡蜺氣左日交於外取不達茲謂不

知蜺白奪明而大溫溫而雨尊卑不别茲謂媟蜺三出三巳三辰除則日出且雨 漢書五行志下之上　又乾象通鑑引雲蜺日旁氣也至日出且雨同　又初學記天部引蜺旁氣也　又開元占經九十八引白虹雙出日中妻以貴驕夫　白虹在日側黑蜺裏之氣正直妻不從正　蜺與日會婦人擅國蜺奪日明而火濕溫而雨尊卑不别列宿虹蜺出　又引京氏曰蜺三出三巳三辰除之除即日雨韋昭注日三辰從寅至辰辰也詩曰蝃蝀在東莫之敢指朝隮於西崇朝其雨毛氏曰夫婦過禮則虹氣盛

后妃擅國白虹貫日 宋書五行志五

赤虹與日俱出其所之有急 開元占經九十八

白虹其下有流血 開元占經九十八

蜺之比無德以色親也 後漢書五行志五　開元占經九十八引京氏云后妃無德以色親君

公能其事序賢進士後必有喜反之則白虹貫日以甲乙見則譴在中台 後漢書郎顗傳

興兵妄誅茲謂無法厥災霜夏殺五穀冬殺麥誅不原情茲謂不仁其霜夏先大雷風冬先雨迺隕霜有芒角賢聖遭害其霜附木不下地佞人依刑茲謂私賊其霜在草根土隙閒不教而誅茲謂虐其霜反在草下 漢書五行志中之下　宋書五行志四　北魏靈徵志上引興兵妄誅茲謂無法厥災霜夏殺五穀冬殺麥誅不原情茲謂不仁其霜夏先大風　又隋書五行志下引興兵妄誅謂亡法厥罰霜　又初學記天部引誅不原情其霜附木不下地不教而誅其霜反在草下　又白孔六帖引同　又太平御覽天部引同　又開元占經一百一引京氏云興兵妄誅厥災夏霜殺五穀誅不原情茲謂不仁冬先雨乃隕霜有芒角賢聖遭害其霜附木不入地　又御覽四夷部引同

臣有緩茲謂不順厥異霜不殺也漢書五行志中之下

人君刑罰妄行則天應之以隕霜隋書五行志下

夏雨雪戒臣爲亂漢書五行志中之下　宋書五行志四　御覽咎徵部引夏雨雪臣爲亂

乾象通鑑引夏雪戒臣爲亂

人君惡聞其過抑賢用邪則雹與雨俱信讒殺無罪則下毀屋破車殺牛馬隋書五行志上

飛雹下盡樹木之害五穀者君賦斂刻民也御覽天部

當靁不靁陽德弱也後漢書郎顗傳　初學記天部　御覽天部　開元占經一百二引

京氏云當雷不雷太陽弱

震擊臣門及屋者不出三年佞臣被誅隋書五行志上

祿不遂行茲謂欺厥咎奧雨雪四至而溫臣安祿樂逸

茲謂亂奧而生蟲知罪不誅茲謂亡徵其咎當寒而奧
六日也 漢書五行志中之下 晉書五行志中引祿不遂行茲謂欺厥咎燠雨雨四至而溫臣安祿樂
逸茲謂亂燠而生蟲知罪不誅茲謂舒其燠夏則暑殺
人冬則物華實重過不誅茲謂亡徵其咎當寒而燠盡
六日也 又北魏靈徵志上引夏暑殺人冬則物華實 又舊唐書志第十七五行志引知罪不誅其罰燠夏
則暑殺人冬
則物華實
有德遭險茲謂逆命厥異寒誅過深當奧而寒盡六日
亦爲雹害正不誅茲謂養賊寒七十二日殺蜚禽道人
始去茲謂傷其寒物無霜而死涌水出戰不量敵茲謂
辱命其寒雖雨物不茂聞善不予厥咎聾 漢書五行志中之下 御
覽天部引有德遭險茲謂逆命厥異春秋寒運斗樞日
行失則雖當煖而寒 隋書五行志上引有德遭險茲
謂逆命厥異寒 又御覽咎徵部
同 開元占經一百一引京氏同

顓事有知誅罰絶理厥災水其水也雨殺人以隕霜大風天黄飢而不損茲謂泰厥災水水殺人辟遏有德茲謂狂厥災水水流殺人已水則地生蟲歸獄不解茲謂追非厥水寒殺人追誅不解茲謂不理厥水五穀不收大敗不解茲謂皆陰解舍也王者於大敗誅首惡赦其衆不則皆函陰氣厥水流入國邑隕霜殺菽漢書五行志上　後漢書五行志三引無解舍也至陰氣二十字　晉書五行志上引同　宋書五行志四引同　隋書五行志下引顓事有智誅罰絶理則厥災水　鄭元五行傳注引誅罰絶理不云下也顓事有知不云謀也

天子弱諸侯力政厥異水鬬漢書五行志中之下

君湎於酒淫於色賢人潛國家危厥異流水赤也漢書五行志中之下　開元占經一百　御覽地部　宋書五行志三引淫於色賢人潛國家危厥異水流

君臣相絶厥異名水絶漢書五行志下之上

河水清天下平後漢書襄楷傳

河水溢三公黜北堂書鈔政術部

欲德不用茲謂張厥災荒荒旱也其旱陰雲不雨變而赤因而除師出過時茲謂廣其旱不生上下皆蔽茲謂隔其旱天赤三月時有霍殺飛禽上緣求妃茲謂僭其旱三月大溫亡雲居高臺府茲謂犯陰侵陽其旱萬物根死數有火災庶位踰節茲謂僭其旱澤物枯爲火所傷漢書五行志中之下　後漢書五行志一引除師出作四陰衆餘同　晉書五行志下引因而之而作四除作際　宋書五行志二引赤因作赤煙餘同

陽無德則旱陰僭陽亦旱後漢書郎顗傳

人君無惠澤於下則小旱 太平御覽天部

君不思道厥妖火燒宮 漢書五行志中之上 後漢書五行志二 宋書五行志三 南齊書十九五行志 隋書五行志下 舊唐書志第十七五行志引作君不思道天火燔其宮室

君子不思遵利茲謂無澤厥災孽火燒其宮 後漢書郎顗傳

君高臺府犯陰侵陽厥災火 後漢書郎顗傳

上不儉下不節盛火數起燔宮室 後漢書五行志二 晉書五行志下 宋書五行志三 舊唐書志第十七五行志引上不儉下不節炎火並作燒宮室 魏書天象志三 又郎顗傳引上不儉下不節孽火燒其室

君高其臺天火爲災 魏書天象志三 晉書五行志中 宋書五行志三 舊唐書志第十七五行志

小人剝廬厥妖山崩茲謂陰乘陽弱勝强 漢書五行志下之上 宋

書五行志二　開元占經九十九
引山崩陰乘陽弱勝强戰必亡
復崩來無咎自上下者爲崩厥應泰山之石顚而下聖人受命人君虜　漢書五行志下之上宋書五行志三引無首五字餘同

石立如人庶士爲天下雄立於山同姓平地異姓立於水聖人於澤小人　漢書五行志下之上宋書五行志二引石立如人庶人爲天下雄

山默然自移天下有兵社稷亡　法苑珠林第七十二

大石自立庶士爲天子之祥也　晉書五行志上

山見葆江於邑邑有兵狀如人頭赤色　晉書五行志下

國山崩君失政女戚擅權五年敗　開元占經一百

邑山崩邑有戰主亡或大水　開元占經一百

飢而不損茲謂泰厥災木厥咎牲亡妖辭曰關動牲飛

辟爲亡道臣爲非厥咎亂臣謀篡漢書五行志中之上

枯楊生梯枯木復生人君無子漢書五行志中之下

王德衰下人將起則有木生爲人狀漢書五行志下之上 後漢書五行志二 法苑珠林第七十二

棄正作淫厥妖木斷自屬妃后有專木仆反立斷枯復生天辟惡之漢書五行志中之下 晉書五行志中引棄正作淫厥妖木斷自屬妃后有專木仆反立 宋書五行志三引同 隋書五行志上引后妃有顓木仆反立斷枯復生

木同本異枝其君有慶鄰邑來附者吉木生於君屋上及朝廷其君聖子木王而有實其國有慶木生於城脅一圍以上長數丈此謂城强其君大昌藝文類聚祥瑞部 開元占經一百十二引樹同本異末君有慶諸侯朝木生於君屋上及朝廷其君有聖子 御覽休徵部引君有德生聖

子則木生屋上及朝廷君德强國有慶則木生城脅一尺圍以上長數丈此謂臣强

樹枯冬生不出二年國喪君子亡南齊書十九五行志

木冬生花天下有喪南齊書十九五行志

木忽於一夜大圍以上長數丈則爲臣强其君開元占經一百二十二

木枯而生不及二年國有大喪君近色其寵人爲主開元占經一百十二

枯楊生花國君當之開元占經一百十二

黍生花大君有憂相亡去稼生花大君憂大臣死開元占經一百十二

蓮葉繁興歲不熟開元占經一百十二

睽孤見豕負塗厥妖人生兩頭下相攘善妖亦同人若六畜首目在下茲謂亡上正將變更凡妖之作以譴失正各象其類二首下不壹也足多所任邪也足少下不勝任或不任下也凡下體生於上不敬也上體生於下媟瀆也生非其類淫亂也人生而大上速成也生而能言好虛也羣妖推此類不改乃成凶也漢書五行志下之上　宋書五行志四引凡妖作各象其類足多者所任邪也　又引足多者任所邪也足少者下不勝任也　又北魏靈徵志上引凡妖象其類足多者任所邪也　又晉書五行志下引毛蟲之孽羊生無後足少者下不勝任也　宋書五行志三引同　又法苑珠林第七十九引睽孤見豕負塗厥妖人生兩頭兩頭不一也足多所任邪也足少不勝任下體生於上不敬也上體生於下媟瀆也生非其類淫亂也生而大速成也生而能言好虛也

幹父之蠱有子考亡咎子三年不改父道思慕不皇亦

重見先人之非不則爲私厥妖人死復生上漢書五行志上 開元占經一百十三引易占云子不三年改父之道則爲私厥妖人死復生

行不順厥咎人奴冠天下亂辟無適妾子拜漢書五行志上

生非其類子不嗣漢書五行志中之下 法苑珠林第七十九

尊卑不別厥妖女生赤毛漢書五行志中之下 開元占經一百十三引人君尊卑無別則女生赤毛

君暴亂疾有道厥妖長狄入國漢書五行志下之上

豐其屋下獨苦長狄生世主虜漢書五行志中之下

女子化爲丈夫茲謂陰昌賤人爲王丈夫化爲女子茲謂陰勝厥咎亡漢書五行志中之上 宋書五行志五 法苑珠林第二十五 隋書五行志下引茲謂陰昌賤人爲王

男化爲女宮刑濫也女化爲男婦政行也漢書五行志下之上

至陰爲陽下人爲上漢書五行志下之上　後漢書五行志五　宋書五行志三

冢宰專政厥妖人生角漢書五行志中之上　法苑珠林第二十五

妖言動衆茲謂不信路將亡人司馬死漢書五行志中之上

生子二胸以上民謀其主三手以上臣謀其主二口以上國見驚以兵三耳已上是謂多聽國事無定二鼻以上國主久病三足三臂已上天下有兵南齊書十九五行志　開元占經一百十三引易占云人生有三手以上臣謀主人生子有二口以上國主見驚以兵人生有三耳以上是謂多方其國無王是謂多聽國事無定人生有三臂有反臣人生三足是謂非常天下有兵

人自地出君有憂民散流國亡地開元占經一百十三

言之不知則人生能言天使代其言也開元占經一百十三

人生而能言言善則善言惡則惡此國之因開元占經一百十三

死人復行五穀不登兵革大起開元占經一百十三

小人在位上下咸悖厥妖城門內崩上漢書五行志中之上晉書五行志中引上下咸悖厥妖城門壞宋書五行志一引同開元占經一百十四引易占同

君門戶無故自闔臣殺其君開元占經一百十四

國門無故夜自開且有晝閉之憂開元占經一百十四

城門無故不可開國有憂開元占經一百十四

君門無故不可開者君凶人家亦然開元占經一百十四

邑中屋無故自動動而大聲者邑且虛開元占經一百十四

君牀無故自動君且移居開元占經一百十四

上下流通聖賢昌厥應德鳳皇翔萬民喜樂無咎殃宋書

五行志二

聖人受命厥應鳳皇下天子虜宋書五行志二

鳳凰高丈二爾雅釋獸疏

有始無終厥妖雄雞自齧斷其尾宋書五行志四

雞知時知時者當死漢書五行志中之下

賢者居明夷之世知時而傷或衆在位厥妖雞生角雞生角時主獨漢書五行志中之下

婦人顓政國不靜牝雞雄鳴主不榮漢書五行志中之下　晉書五行志上引牝雞雄鳴主不榮

雞小畜猶小臣也角者兵之象在上君之威也此小臣執事者將秉君之威以生亂不治之害北魏靈徵志上

君用婦人言則雞生妖 宋書五行志一晉書五行志下新唐書二十四五行志引君用婦言則雞生妖

逆親親厥妖黑白烏鬭於國 漢書五行志中之下

專征劫殺厥妖烏鵲鬭 漢書五行志中之下法苑珠林第六十六

避退有德厥咎狂厥妖水鳥集於國中 隋書五行志下晉書五行志上引中作井宋書五行志三引同

人君暴虐鳥焚其舍 漢書五行志中之下隋書五行志下

賊臣在國厥咎燕生爵諸侯銷 漢書五行志中之下隋書五行志下引賊臣在國厥妖鸞生雀雀生鸞法苑珠林第七十九引賊臣在國厥咎燕生雄雀

距諫自强茲謂卻行厥異鵾退飛適當黜則鵾退飛 漢書五行志中之下

伯勞聚邑中歲大水伯勞鳴軍中師分而水且至鳴於
君之宮凶御覽羽族部
聖人淸靜行中正賢人至民從命厥應麒麟來宋書五行志二
麐麕身牛尾狼額馬蹄有五彩腹下黃高丈二爾雅釋獸疏
開元占經一百十六引京房曰麒麟麕身牛尾馬蹄有五彩腹下黃高丈二尺毛長
廢正作淫大不明國多麋漢書五行志中之上莊十七年穀梁注引廢正作淫
爲火不明國多麋又北堂書鈔歲時部引廢正作淫火不明也
震遂泥厥咎國多麋漢書五行志中之上
執政失下將害之厥妖狗生角君子苟免小人陷之厥
妖狗生角漢書五行志中之上舊唐書志第十七五行志引易占云狗生角執政失將害之應又
曰君子危陷
則狗生角

夫婦不嚴厥妖狗與豕交兹謂反德國有兵革漢書五行志中之上　開元占經一百十九引易占同

君不正臣欲篡厥妖狗冠出朝門漢書五行志中之上　後漢書五行志一引君不正臣欲篡厥妖狗冠出　開元占經一百十九引易占同

讒臣在側則犬生妖晉書五行志中　開元占經一百十九引易占云佞臣在側則犬生妖

小人不義而反尊榮則虎食人後漢書劉昭補注引漢名臣奏張文疏

君行無道將害民庶虎食人開元占經一百十六

君將無道害將及人去深山以全身厥災狼食人後漢書五行志一　隋書五行志下

興徭役奪民時厥妖牛生五足漢書五行志中之上　法苑珠林第七十九

又開元占經一百十七引易占同

牛少者穀不成 隋書五行志下

方伯分威厥妖牡馬生子亡天子諸侯相伐厥妖馬生人臣易上政不順厥妖馬生角茲謂賢士不足 漢書五行志下之上　後漢書五行志五引上亡天子諸侯相伐厥妖馬生人　法苑珠林第七十九　隋書五行志下引方伯分威厥妖牡馬生子諸侯相伐厥妖馬生人一曰人流亡　宋書五行志五引臣易上政厥妖馬生角　開元占經一百十八引易占云方伯分威厥妖牡馬生駒下不順政厥妖馬生角茲謂賢士不足

天子親伐馬生角 漢書五行志下之上　宋書五行志五　隋書五行志上　開元占經一百十八引易占同

犬羣嘷國將亡 開元占經一百十九

衆心不安君政厥妖豕入居室 漢書五行志中之上

野獸入邑其邑大虛 南齊書十九五行志 又開元占經一百十六引易占同

野獸無故入邑朝廷門及宮府中者邑逆且虛 南齊書十九五行志

祭天不慎厥妖鼷鼠齧郊牛角 漢書五行志中之上

子不子鼠食其郊牛 漢書五行志中之上

誅不原情厥妖鼠舞門 漢書五行志中之上

臣私祿罔辟厥妖鼠巢 漢書五行志中之上 法苑珠林第二十四

黃龍見天災將至天子絀聖人出 宋書五行志二

冬龍見天子亡社稷大人應天命之符 宋書五行志二

衆心不安厥妖龍鬭 漢書五行志中之上 法苑珠林第二十四

有德遭害厥妖龍見井中 漢書五行志中之上 法苑珠林第二十四 開元占經

一百二十引易占同

行刑暴惡黑龍從井出漢書五行志中之上　開元占經一百二十引易占云君行暴惡黑龍從井中出

立嗣子疑厥妖蛇居國門鬬漢書五行志中之上

蛇見將軍營中師罷出則軍中將軍得志或曰得士開元占經一百二十

衆逆同志厥妖河魚逆流上漢書五行志下之上　開元占經一百二十引易占云衆逆同志厥妖河魚逆上

海數見巨魚邪人進賢人疏漢書五行志下之上　後漢書劉昭補注引海出巨魚邪人進賢人疏　開元占經一百二十引易占同

青魚去水飛入道兵將起開元占經一百二十

臣安祿茲謂貪厥災蟲蟲食根德無常茲謂煩蟲食葉

不絀無德蟲食本與東作爭茲謂不時蟲食節蔽惡生

孽蟲食心漢書五行志下之上　開元占經一百二十引易占云臣安祿厥災蟲食根不絀無德蟲食本

德無節蟲食葉孽惡生孽蟲食苗心王者與諸侯爭蟲

食苗節莖藝文類聚災異部

大作不時天降災厥咎蝗蟲來後漢書五行志三　又劉昭補注引續漢志

忠臣進善君不試厥咎國生蜮漢書五行志中之上莊十有八年穀梁注

京氏易卷二終

# 京氏易卷三

漢 魏 郡 太 守 京 房 撰

庚申科舉人充 實錄館校錄候選知縣王保訓集

## 易占上

臨獄不解茲謂進非厥咎天雨血天雨血者茲謂不親民有怨咨不出三年亡其宗佞人用功 開元占經三又引云天雨血茲謂不親黔首怨之不出三年亡其宗人 又漢書五行志中之上引易傳云歸獄不解茲謂追非厥咎天雨血茲謂不親民有怨心不出三年無其宗人 又晉書五行志上引易傳云歸獄不解茲謂追非厥咎天雨血茲謂不親下有怨心不出三年無其宗 又宋書五行志二 乾象通鑑俱引易傳同

天雨毛邪人進賢人逃貴人走 開元占經三 漢書五行志中之上引易傳云邪人進賢人逃天雨毛 又晉書五行志中 宋書五行志二 乾象通鑑俱引易傳同 又晉書五行志中

引易妖占云天雨毛羽貴人出走三占皆應
又宋書五行志二　乾象通鑑俱引易妖占同
天雨金銀兵將興失道之君當之謹案秦穆公十八年雨金　開元占經三
天雨石爲政者僞詐妄行質信不施國君死亡開元占經三
天雨穀歲大熟北堂書鈔歲時部　又藝文類聚百穀部御覽時序部百穀部俱引易逆刺
天雨釜歲大熟北堂書鈔歲時部　又御覽器物部引易逆刺云天雨釜甑歲一熟
地動陰高者爲下下者爲陽此人君俱進君子爲小人
同倫小人爲上宰置君子於下位此陰高而陽卑也故
反也害及大人開元占經四
地生血賊必來攻凶急去勿留開元占經四
山無故自下陷天下兵作開元占經四
日中有黑子黑者陰也臣不掩君惡令下見百姓惡君

晋書天文志中　宋書五行志五　又開元占經六引

臣不掩君惡令下見於百姓百姓惡君則日變中有黑者陰也皆日出入時也

臣有蔽主明者晋書天文志中

日無故日夕無光天下變枯社稷移主後漢書劉昭補注

國有讒佞朝有殘臣則日不光闇冥不明後漢書劉昭補注

察天不順厥異日赤其中有黑開元占經五　漢書五行志中之下引易傳云祭天不順茲謂逆厥異日赤其中黑

日變色青爲飢與憂赤爲爭與兵黃爲德與善白爲旱與喪黑爲水民半死開元占經五

日赤如赭布如灰不出其歲有大將死於野開元占經五

日有黑光不出六十日有大水傷五穀空屋所見之國

糴貴十倍二旬乃止開元占經五

救黃經云賢者之言行之而蔽其人有以其美以自揚厥異日色黃黃者中和色喻美行也人君內有賢臣卒得其位保其社稷人君自知非其德行所能假稱揚其人則復矣開元占經五

救赤經云人君不學道無以教下發號令動言百姓日應之而赤人君聽用仁賢尊之如賓客恭默思道則復矣開元占經五

救黑經云臣不能進諫其君怨咎在百姓故日黑人主當憂勞求賢罷左右强臣則黑除矣開元占經五

救白經云人君輭弱海內咸貧日白六旬不可復變未

滿六旬求任賢臣抗武揚威誅罰爲非則復矣開元占經五

日者太陽之精萌於東盛於南其色赤今乃青青東方少陽色也謂人君微弱國無賢輔則致此災不救日蝕爲災其救也率股肱正台輔任忠直報功能立將軍修城郭開元占經五

日有青光不出二旬大風糴貴斗米二錢一歲五見糴倍十見以上民多疾疫不出一年開元占經五

日青君弱臣强君無知也黃間若不與也黑慈日中有若飛鵲者也八九十日越薨於項也開元占經五

日未入二竿亭亭無光所舍國君多死日出三日無光國乃不昌開元占經五

天下雲盡赤日無光三十日者有大兵王者亡五十日者兵且作大飢民亡七十日者有大殃亡主兵作大飢九十日者社稷亡百二十日者邑墟亡（開元占經五）

日月大無光國無王民不安天下有兵（開元占經五）

日失光明主令不行民飢流亡（開元占經五）

日無故久無光天下不彰社稷隳亡（開元占經五）

日月皆無光則淵涸山崩王者惡之（開元占經五）

奸臣盛日晝昏（開元占經六乾象通鑑引易妖占云奸臣盛則日晝昧）

日中有烏見主失明為政者亂（開元占經六）

祭天不順茲謂逆日中有黑子（開元占經六又晉書五行志中引祭天不順茲謂逆厥異日中有黑氣）

日中有黑雲若赤若青若黃乍五乍十乍三主天子崩開元占經六

日有白雲貫天下有白徒之衆三年至其黑雲天下有謀不成開元占經六

候日無色其中有赤氣大如爪踊躍爲人君絶命開元占經六

日小主君賞賜不當開元占經六

日中分不出五年國亡開元占經六

電奪日光日中破軍滅國一日陰勝陽臣勝君兩敵相當客勝開元占經六

日無半則國破亡兩敵相當開元占經六

日夜出是謂陰反陽不出二年天下見大兵不出一年有大水在所見處之國天下不安開元占經六

日暮而出是謂陰重天下見兵開元占經六

日出於夕人君不祥社稷亡開元占經六

日再中帝王窮開元占經六

日出復入日入復出主降臣開元占經六

日出復下日入復高日入復見爲還天下大亂期三年開元占經六

日暮入復出天下亡開元占經六

日出於午天子失國日出於巳天子失明令不行開元占經六

兩日並出是謂諸侯有謀自底滅亡天下兵興無道之臣舉兵亡開元占經六

兩日並出天下爭王先滅亡視在方開元占經六

兩日並出是謂並明假主爭明天下有兩主開元占經六

日並出無道之臣爲君爭功德先舉兵者昌後舉兵者亡開元占經六

三日並出大臣爭奪主政三日並出不出三旬諸侯爭爲王開元占經六

二日三日四日五日並出此謂爭明天下兵作亦主三四五六八主立開元占經六

兩日鬬天下爭三日鬬法如雞鬬相搏當視先滅以決

其事開元占經六

日鬭常以日出至食時以鬭鬭後烏見六十日王者亡

地若烏不見不爲鬭凡日鬭不及三年下有拔城大戰

齊燕多水開元占經六

日赤黑比鬭者其國分不出三年中食人大小民饑亡

開元占經六

日鬭黃者爲中勝中國强青者爲左勝左國强白者爲

右勝右國强赤者爲前勝前國强黑者爲后勝后國强

不勝者將有殃開元占經六

日鬭有變暈日蝕君死日皆傷兵起開元占經六

日有三珥人君有女子憂開元占經七

日出四珥將軍亡日入四珥有大兵開元占經七

日朝五珥國憂兵起夕珥臨日兩旁必有大客來言北方之事開元占經七

氣清外赤內曲向日月為抱兩暈相當順抱者勝開元占經七

氣向日月為抱抱多者來親附者衆多也開元占經七

氣抱日為和親見者其臣欲親開元占經七

日中赤外青曲向外名為背開元占經七

偏交在日傍從交在日傍從交所擊者勝開元占經七

日四提不出三年有大兵有大飢開元占經七

日六提國君當之宜防開元占經七

日抱一背爲破走抱者順氣也背者逆氣也兩軍相當順抱擊逆者勝故言破走 開元占經七

日背珥在日之南及其三方者其國有反臣 開元占經七

日月背珥其國有反者 開元占經七

日重暈天下有立王暈而弭天下有立侯 宋書五行志五

日暈有兵在外者主人不勝宜客 開元占經八

日暈若井垣若車輪二國皆兵亡 開元占經八

日有黃暈一重人主有喜 開元占經八

日暈而珥宮中多事后宮分爭七日不雨審察宮中 開元占經八

日暈重有四負殃大國亂若三日大雨不止 開元占經八

日暈戴抱珥其色皆赤內青外清明卽國家有吉賀喜開元占經八

日暈有四珥各四背珥期六十日羣臣有異謀者有急事閉關不行使天下更命三日雨不止四背白氣干之其端青赤是妃與臣下共謀其君開元占經八

日暈背氣有暈中此爲不和分離相去其色青外中赤忠臣命受主有所之一作爲兩軍相當中人軍欲降叛於外也開元占經八

日暈而背四如大車者四提設其國衆在外有反臣開元占經八

日暈直氣貫暈中其色白將失順其氣攻破軍開元占經八

日暈而且冠三重日下有虹行正長數丈不出其年有反者貴人絶後有兵飢開元占經八

凡日出虹暈主分地日入虹暈諸侯分地黑者以兵分地白者以喪分地也開元占經八

日暈不合有雲如牛在暈外來入暈中臣不服奸叛開元占經八

日暈有氣如毛羽臨日不去國有大兵憂開元占經八

日重暈有德之君得天下開元占經八

日蝕占日日之將蝕也五龍先見於日旁青龍見於日左以春蝕赤龍見於日上以夏蝕黄龍見於日中央以六月蝕白龍見於日右以秋蝕黑龍見於日下以冬蝕

欲候此龍見日蝕法當以五寅日候之春以甲寅夏以丙寅六月下旬以戊寅秋以庚寅冬以壬寅此所謂五寅也置盆水庭中平旦至暮視之則龍見欲知何月孟月以孟仲月以仲季月以季欲知何日蝕龍以上旬見日以朔蝕龍以下旬見日以晦蝕龍以日出見以日出蝕龍以日中見以日中蝕龍以晡時見日以晡時蝕龍以日入見日以日入蝕開元占經九

日失魄者將蝕月失魄者水所謂失者日光精移處若有兩日也開元占經九

外交之蝕蝕旦不虧虧而地猶明是外謀也開元占經九

專政之蝕日明鈌至陽雖侵光猶明是司馬舉兵欲起

開元占經九

日蝕諸侯相侵白青明君弱開元占經九

日蝕國有兵大戰從西方來勝開元占經九

日蝕王爲君蝕相爲臣蝕囚爲罪人蝕死爲蠻夷蝕休爲民蝕有兵其兵從陰所來日蝕後必通水在陰所來在於三年之內又必有火燒屋之變一作主有火焚屋宇開元占經九

日始出而蝕是謂棄光齊楚王開元占經九

日蝕上者君爲其僞佞人而安用之故尊卑失禮責於尊者故天見亡君之象開元占經九

日蝕內者君卽朝臨政厲心爲治不疑臣下臣下以邪亂君政故天見亡臣之象故臣當之開元占經九

日蝕從中中青赤外黃國亡又曰中人爲亂開元占經九

日蝕從下起失民人君疑於賢者爲不肖不用其政教故天見亡民之象也以人君尊天將亡君必先喪其民蝕者侵削之意也開元占經九

日蝕從下起民多死一曰下人爲寇開元占經九

日蝕光清無雲三日乃蝕蝕已天鳴蝕左右此臣與君爭美尸大功日君也所以有功者我也心生慕意起之蝕也後九年臣謀君六年成開元占經九

日蝕左爲噬嗑火燒民開元占經九

日蝕從旁起者爲兵從其方起黎庶爲亂開元占經九

日蝕從右旁者君親作惑道虎狼之行開元占經九

日蝕右皆爲賚火燒諸侯必有異災起開元占經九

日蝕不盡相有出走者期八十日開元占經九

日蝕盡日官不見直日者其國有喪開元占經九

日蝕日光明先青赤白黑而蝕蝕黑貫白中日明此聖德之臣行兵誅伐小人左右不義之臣擅以誅伐爲事所謂無命而征與弑君同之蝕也後五年殺開元占經九

日青並蝕惟命是爭誅日赤並蝕自殺日黃並蝕其下得土日黑並蝕自殺開元占經九

日以甲乙有四珥而蝕有白雲衝出四角青雲交貫中央天下有兵日以丙丁有四珥而蝕有黑雲衝出天下有大水日以戊己有四珥而蝕下有青雲衝出天下兵

行日以庚辛有二珥而蝕從上始有赤雲出西方天下有繫王日以壬癸有二珥而蝕從上而下天下起兵從下而上其國有大喪開元占經九

日蝕轉爲五色而蝕白虹見於日旁光揜揜此嫡讓庶之蝕也後三年尊坐無處開元占經九

日蝕有雲如坐人於上者主安居下臣安開元占經九

日蝕有如兔守日政令不由君或君不用賢澤不下施則高岸爲谷深谷爲陵發於衝開元占經九

日蝕盛中時黑乃蝕之從內□□□□□□地中鳴此京師諸侯叛羣下與外土諸侯交亂法度之蝕後人君亡國臣伏其殃開元占經九

日蝕先地中鳴乃蝕蝕左右居雲中四方無雲先大風三日此宰相專公謀反之蝕也後三年卵人謀反開元占經九

日蝕後雰雰不解地必震不過旬中開元占經九

諸侯更制茲爲叛厥蝕三蝕三復巳而風地動開元占經九

專制之蝕光散左右冠三蝕三復巳而風明日地必動是謂諸侯專制之變也後九年殺開元占經九

日蝕星墜復上此則斂重數下竭之蝕九年殺殘重賦開元占經九

人君貪日蝕而星墜而前下也開元占經九

日冬蝕相死不卽有逐也開元占經十

甲子日蝕北夷欲殺中臣有謀反者大水在東方　乙丑日蝕諸侯之臣欲弒其君在西北兵行不勝後有小兵五穀破蟲傷　丙寅日蝕司徒欲弒君後有小旱在東南　丁卯日蝕諸侯欲弒君在北方後有蟲蝗之殃小旱在東南　戊辰日蝕同姓近臣欲蔽（一作弒）君後有地動之變在東南　己巳日蝕婚嫁家欲弒君後有諸侯謀在西南　庚午日蝕司徒欲弒其主必有兵行後有大旱在南方　辛未日蝕司空欲弒君後有大旱在東方　壬申日蝕諸侯相弒在東北方後有小兵寇盜並行　癸酉日蝕上强天下謀兵不出其年有大兵行始於西方　甲戌日蝕近臣欲弒君反爲僇辱後有小

旱在西南　乙亥日蝕子欲弒父身獲虜後有陰雨一日日蝕陰天下大亂　丙子日蝕諸侯欲相弒兵必行在東方後有大水　丁丑日蝕諸侯近臣欲弒其君在西北方後有小兵　戊寅日蝕異姓近臣欲弒其君後歲旱土沸騰　己卯日蝕東夷欲殺後有大蟲　庚辰日蝕君易賢以剛卒以自傷後有水在東北　辛巳日蝕諸侯外親欲弒其君兵行暴至期衝兵起西北　壬午日蝕三公與諸侯相賊弱其君王天應而蝕三公失國後旱且水　癸未日蝕諸侯上侵臣下欲弒其君在東北後有小蟲　甲申日蝕司馬大夫欲弒君後有小水在晉　乙酉日蝕君弱臣强司馬將兵反征其主

丙戌日蝕同姓近臣欲弒其名後有大旱火從天墮

丁亥日蝕君臣無別司馬牧民司徒將兵後有蟲在西北方　戊子日蝕妻欲害夫九族夷滅後有大水在東方　己丑日蝕婚家欲弒後有小兵在西方　庚寅日蝕臣欲將兵誅過職身被刑殺後有小旱在東南方骨肉相殘　辛卯日蝕天子微弱諸侯謀兵欲弒其主卒反得其殃後有小蟲在東方　壬辰日蝕諸侯欲圖其君當誅日復蝕之後有大水在東方　癸巳日蝕諸侯隔絕轉相（一作專柄）伐兵稍出　甲午日蝕南夷欲弒其君後有大旱　乙未日蝕君責衆庶暴虐黎民背叛後有地動　丙申日蝕君暴死臣下橫恣上下相賊後有大

水　丁酉日蝕諸侯之臣欲弑其主身反獲傷後有大兵起西北　戊戌日蝕婚姻家欲弑後有旱馬騶運　己亥日蝕主弱小人持政慾心成天應日蝕戒使精　庚子日蝕庶子欲弑嫡卒不得守臣征伐後有大水　辛丑日蝕賢者離散小人盛常欲弑主　壬寅日蝕諸侯欲弑主及亡其國在東南後有小旱在東南　癸卯日蝕諸侯非其君不順天子司徒亡國（一作諸侯非其天子不順司徒亡國）後有大蟲　甲辰日蝕王后爵命絶後有水　乙巳日蝕諸侯上侵以負自益近臣盜竊以爲蓄積天子不知日爲之變　丙午日蝕親戚爭嗣同姓欲弑其主後有大旱在南方　丁未日蝕執政欲弑司徒不肖後有

蟲地震動　戊申日蝕臣欲弒君意在王位後必有小水諸侯爭　己酉日蝕西域欲弒君後有大兵必西行　庚戌日蝕司馬之卿欲弒君後有小旱　辛亥日蝕司馬之大夫欲弒君反受其殃後有蟲害　壬子日蝕諸侯同姓任政者欲弒其君大夫害　癸丑日蝕寇盜行兵恐君王日爲不明　甲寅日蝕同姓大臣欲弒其君後有旱　乙卯日蝕必有專政欲殺不出三年身被其誅後有大蟲　丙辰日蝕帝命之極武王乃立　丁巳日蝕天乃去惡依聖人後有小兵　戊午日蝕有婚家執政賊由妻始後有旱　己未日蝕臣不安居陰謀欲侵後地大動　庚申日蝕骨肉相賊後有水　辛酉

日蝕昆弟相殺更有國家後有兵火行亂三年不息

壬戌日蝕諸侯欲殺在西南　癸亥日蝕天下命終極

聖人更起不可救止後大雨水 開元占經十　後漢書劉昭補注引甲子朔日蝕北夷侵忠臣有謀後大水在東方　丙寅晦日蝕有小旱災　丁卯晦日蝕諸侯欲戮後有裸蟲之失　甲戌朔日蝕近臣欲戮身反戮辱後小旱　乙亥朔日蝕諸侯上侵以自益近臣盜竊以爲積天子未知日爲之蝕　庚辰朔日蝕君易賢以剛卒以自傷後有水　壬午朔日蝕三公與諸侯相賊弱其君王天應而日蝕三公失國後旱且水　乙酉朔日蝕君弱臣強司馬將兵反征其王　丁亥朔日蝕君臣無別　戊子朔日蝕妻欲害夫九族夷滅後有大水　庚寅晦日蝕骨肉相賊後有水　丙申晦日蝕君臣暴虐臣下橫恣上下相雜後有地動　戊戌朔日蝕婚嫁家欲戮　甲辰晦日蝕王后壽余絕後有大水　又晉書天文志中引君弱臣強司馬將兵反征其主　宋書五行志二引同

日蝕以甲乙四海之外不占蝕以丙丁江淮海岱戊已

中州河濟庚辛華山以西壬癸恆山以北之君當之開元占經十

日蝕在角中其國不安一曰貴臣有憂一曰主農之官憂開元占經十

日蝕既下謀上也其救設七事正圖書修經術攷惡爲化己隨賢則國家安社稷盛開元占經十

君幼弱月色靑開元占經十一

月大無光國無王民不安天下有兵開元占經十一

月昏無光則淵涸山崩王者惡之開元占經十一

月晝見必有亡國開元占經十一

月當出而不出有陰謀有讒人天下亂開元占經十一

月再中帝王窮開元占經十一

月並出爲並明天下有兩王立相去二寸臣作亂滅其主開元占經十一

月以子丑申入南斗後百八十有二日大赦無餘囚開元占經十三

月以九月十二月十三日暈昴及五車天下赦開元占經十五

庚子後夜月暈軒轅後甲子有大赦開元占經十六

月以庚子夜暈太微至後甲子有赦令開元占經十六

月生三日無光魄其月必蝕開元占經十七

月與日相沖分天下之半循於黄道烏兔相沖光盛威重數盈理極危亡之災一時傾一作頓盡遂使太陽奪其

光華闇虛虧其體質小潛則小虧大驕則大滅此理數之常然也開元占經十七

月春蝕歲惡將軍死國有憂夏蝕旱穀貴秋蝕羌兵起冬蝕其國飢有女喪開元占經十七

樂不興則歲失行度開元占經二十三

人君不仁傷胎孕殺無辜則歲星失度星隕如雨不救弟殺兄臣弑君其救也內慈仁敬讓外廣恩施惠無犯四時歲星承度隕星上復列宿開元占經二十三又引易傳云人君不行仁恩破胎傷孕春殺無辜則歲星失度不救則弟殺兄臣弑君　又御覽天部引對災異云人君不行仁恩破胎傷孕春殺無辜則歲星失度　又咎徵部引五星占云人君不仁春殺無辜則歲星失度其救也慈明敬讓廣恩惠施無犯四時則歲星承度

禮經不用熒惑反明開元占經三十

人君無禮法輕薄房室外行慢行易過下不理賦斂奪民時則熒惑失度吐舌爲變逆度作怪以滅人君不救則大旱火燔宮室其救也進功錄爵位賢德養幼孤鰥寡則熒惑還度天心得矣開元占經三十　又御覽咎徵部引五星占云人君內無法紀輕薄房室外行慢易斂奪民財則熒惑失度其救也爵賢位德養幼孤命樂師趣鞞鼓含歡欣熒惑還度天心得矣

人君內無仁義外多華飾則塡星失度東西叛逆不救必憂霜雪其救也治社稷明堂近方直親厚重之人災消矣開元占經三十八　又御覽咎徵部引五星占云人君內無仁義外多華飾則鎭星失度其救也治社稷修明堂近方直之人此災自消矣

尙書微則太白垂芒開元占經四十五

日月赤黄爲薄開元占經六十四

相侵爲食日體三毀三復行異處是爲相侵食也三分

日取一也開元占經六十四

星晝行爲百姓不安開元占經七十一

流星於北斗旁明如炬火長六七丈一作六七尺如繒布賊

臣專制天下期三年開元占經七十四乾象通鑑引易傳同

流星出北斗魁中若東西不出期年兵起開元占經七十四

流星出北斗魁中大將軍出以星出日占知所之開元占經七十五

晝星見人臣有奸心上不明臣下縱横修撰開元占經七十六

星以春三月墜歲凶不登其二月大殃秋七月墜兵起八月大殃開元占經七十六

君不任賢厥妖天雨星也開元占經七十六　漢書五行志中之上引易傳云君不任賢厥妖天雨星

天下將亡則星墜爲飛蟲開元占經七十六

歲大飢大殃則星墜爲粟豆開元占經七十六

天下大兵則星墜爲金鐵開元占經七十六

星墜爲人而言者善惡如其言開元占經七十六

國有大喪則星墜爲龍開元占經七十六

星墮化爲石臣下倍主主妄行開元占經七十六

兵將作妖星隕爲石開元占經七十六

星入月中臣賊其主奪其家開元占經七十七

月中有星天下有賊星多者賊多開元占經七十七一本引易妖占同又乾象通鑑引易傳同

星入月中大臣謀伐其主主令不行開元占經七十七

星與月同光臣下作亂人民非上令不行開元占經七十七一本引易妖占云星與月同光臣下作亂則人民非上又乾象通鑑引易傳云星與月同光臣下作亂

天攙出其下相攙爲亂爲兵赤地千里枯骨藉藉開元占經八十五

茀星三角三年消五角五年消七角七年消九角九年消開元占經八十五

君爲禍則彗星出開元占經八十八

孛星出爲飢兵臣下失中和故出孛掃除之開元占經八十八

星孛於東則骨肉欲簒逆近北邊國入於西則兵大起蠻貊戰經東西方民病不救之則致日蝕旣下謀上開元占經八十八

星孛入北斗則大臣叛開元占經九十

鎭星於兵爲鼓於經爲易易爲五經唱首鼓爲五兵長者北堂書鈔鼓部

赤星入北斗中國使匈奴乾象通鑑

星孛入北斗兵大起將有以外制權以兵爲政者御覽咎徵部

人君進無德樹無功則無雲而雨開元占經九十二

諸寅卯日有小雨小急大雨大急丙午日雨有圍城戊午日雨霖三日止其下大戰乙卯日雨旱有兵起東方丁卯日雨旱有兵起南方己卯日雨旱有兵起中央辛卯日雨旱有兵起西方癸卯日雨旱有兵起北方開元占經九十二

若出軍之日無雲而雨此天泣軍沒不還雨不沾衣名曰鬼泣其軍必敗御覽咎徵部

八月晦日昏而雨繒帛貴人定時雨貴人賤賤人貴夜多雨米貴嬰兒多損雞鳴雨兵起夜半雨所逮寇賊起雞鳴雨兵事急民徙其鄉開元占經九十二

十一月雨水橫流天下飢冬大雨水君死國亡開元占經九十

三

諸六甲日有雲氣四合皆當日雨雨少雲少雨多雲多萬不失一開元占經九十二

諸六甲日無雲一旬少雨月離畢之陰則雨離畢之陽無雨日旁有赤雲如冠珥不有大風必有大雨開元占經九十

二

正月朔日候八風從乾來有憂兵坎來有大水艮來人民疾疫歲內有蝗蟲震來陽氣干歲大旱有喪巽來年內多風傷五穀離來歲旱大熱多火災坤來有疾疫道上多死人兌來有兵事開元占經九十三獄吏暴風害人南齊書十九五行志

天火下燒民屋是謂亂治殺兵作南齊書十九五行志

虹蜺妻乘夫則見之陰勝陽之表也四時有之初學記天部

虹日旁氣也開元占經九十八

凡蜺者陰撓陽后妃無德以色親也開元占經九十八漢書谷永傳引蜺后妃無德以色親君

蜺三出三巳三辰除之除卽日雨開元占經九十八漢書五行志中之上引易傳云三出三已三辰除則日出且雨乾象通鑑引易傳云三出三已則日出且雨

虹春出西方黑雲覆之夏多大水白雲覆之夏多風青雲覆之夏多寒民病瘧若溫病者赤雲覆之夏多旱黃雲覆之夏大旱穀不熟開元占經九十八

虹夏出西方黑雲覆之秋多雨白雲覆之秋多風青雲

覆之秋多寒民病瘧若病瘟赤雲覆之秋大旱黃雲覆之秋禾大收開元占經九十八

虹秋出西方黑雲覆之冬多雨白雲覆之冬多雪青雲覆之冬多風又多寒民病瘧若病瘟赤雲覆之冬大旱黃雲覆之冬糴大賤開元占經九十八

虹冬出西方黑雲覆之春多雨白雲覆之春多狂風青雲覆之春多寒民病瘧若病瘟赤雲覆之春大旱黃雲覆之春雨和調開元占經九十八

虹出南方無春夏秋冬所見之處不出三年民流亡不歸收葬風雨不時民飢開元占經九十八

虹出北方雨陰陽不調當雨反旱當旱反雨冬夏不調

萬人大愁所照之國必有賣幼孫者其歲必多疾病夏小雨冬荒不出三年所見之國民守其倉暴骨惶惶哭泣相望童子行行大旱二百八十日乃雨所照之國尤甚開元占經九十八

蜺有九皆主身也專君者以色專愛及專君事也開元占經九十八

虹蜺貫日臣傷君不救國君亡開元占經九十八

秋有白虹一雙出西方急陳兵待之其赤氣依旁者必有獲城開元占經九十八

澤枯歲貧國易臣不出三年大亂開元占經一百

凡候霜下早晚若正月一日雷知七月一日霜下若二

月一日雷卽知八月一日霜下（開元占經一百一）

霜者刑罰行也霜者所以成萬物也刑罰者所以誅惡人也刑一以懲千殺一以全萬非人君定位則刑罰妄行誅殺不當故天應以殞霜於春於夏臣依公結私誅殺無罪霜下在上却忠臣依公結私以緩有罪霜附木殺罰不由上霜見風而飛此皆刑罰不法之應（開元占經一百一）

霜下或未見日而欲晞者此人君以喜怒行刑罰也霜或見日而不晞者此人君執法堅不可犯也或天陰不見星而有霜者此臣下擅行誅罰也（開元占經一百一）

興兵妄誅厥災夏霜殺五穀誅不原情玆謂不仁冬先

雨乃殞霜有芒角賢聖遭害其霜附木不下地開元占經一百一　漢書五行志中之上引易傳云興兵妄誅茲謂無法厥災霜夏殺五穀冬殺麥誅不原情茲謂不仁其霜夏先大雷風冬先雨乃隕霜有芒角賢聖遭害其霜附木不下地　又北魏靈徵志上　隋書五行志中　初學記天部　白孔六帖卷二　御覽天部四夷部引見上易傳

春下霜七日七年聖人滅開元占經一百一

夏霜君死國亡開元占經一百一　案此下占經有十一條無又曰字故不錄

雪附木者此人君聽言殺忠臣也雪未至地而復上久而復下此人君欲寬死罪雪而溫者此人君脫有罪開元占經一百一

凡雪者陰氣盛也小人倚公結私以脅其主而專其權

二月而不止九月而卽下此執法權正引邪以成賊理

故雪厚爲旱薄則爲水皆一百九十二日（開元占經一百一）

夏雨雹天下兵大作（後漢書劉昭補注）

凡雹過大人君惡聞其過也抑賢不與通貪婪爲心凡利及幣私施與人專施不普當雨不雨及雹下邪人有邪卻則讒政退人欲惑其君故雹傷生（開元占經一百一）

雹或殺飛鳥者此人君信讒佞之人行濫罰於庶人（開元占經一百一）

雹下或毀瓦碎破車殺馬牛者此人君任小人伐正人

雹下盡折樹木之枝及害五穀者此人君賦斂酷民有殺者

雹下或多肰如積雪者此臣欲殺君也

雹下或盡敗人不稼者此人君因春夏庶人有罪執殺之

雹下或霜俱降者此人君私邪人從後過而誅之　雹下及地而曎者此人君私施邪人而下成之　雹下或狀如積冰者此臣欲弑人君　雹下或多芒狀如雪者此人君欲害人而甚者　雹下或如梨實者此人君大亂庶人而惡甚者　雹下或與風俱降者此人君施大亂其寒過度罰深　雹下或狀如珠者此人君欲害人而甚也　開元占經一百一

夏水冰凍者國君有疾病民流亡五穀不成人民飢　開元占經一百一

有德遭險茲謂逆命厥異寒　開元占經一百一　漢書五行志中之上　隋書五行志下　御覽咎徵部　又天部引　有德遭險茲謂逆命厥異春秋寒

臣私祿及親茲謂罔辟厥異濛行　善不請於上茲謂作福濛一日五起五解　辟不謀臣臣辟異道上濛下霧　立嗣子疑茲謂動欲濛赤日不明　利邪以食茲謂閉上濛大起日不見若雨不雨十二日解　祿生於下茲謂誣君濛微而小雨已乃大雨　下相攘善茲謂盜明濛黃濁　下陳功於上茲謂不知濛微而赤風鳴條夜復濛不解

開元占經一百一　漢書五行志中之上引易傳云私祿及親茲謂罔辟厥異蒙　行善不請於上茲謂作福蒙一日五起五解　辟不下謀臣辟異道茲謂不見上濛下霧　立嗣子疑茲謂動欲蒙赤日不明　利邪以食茲謂閉上蒙大起白雲如山行蔽日　公懼不言道茲謂蔽下蒙大起日不見若雨不雨至十二日解而有大雲蔽日　祿生於下茲謂誣君蒙微雨小雨已乃大雨　下相攘善茲謂盜明蒙黃濁　下陳功求於上茲謂不知蒙微而赤風鳴條解復蒙

凡雷者陰陽合和震動萬物使各戴其元而起故雷以動聞百里或聞七十里或聞五十里或聞二十里各應其德而起以應人君行之動靜 開元占經一百二

或雨且雷和氣令雷聲或殷殷轔轔風雨微皆陰陽和利稼之雨象君臣百姓和合也 開元占經一百二

雷者月當有效於消息以爲主聲聞於人雷之爲政大壯始君臣强從解起 開元占經一百二

雷起乾宮人民多疾病雷起坎宮國邑多雨雷起艮宮禾好枲長五穀賤雷起震宮五穀暴貴多傷雷起巽宮雨霜傷五穀雷起離宮夏少雨旱蝗蟲雷起坤宮蝗蟲傷害五穀雷起兌宮兵起銅鐵貴 開元占經一百二

雷起水門流潦滂沱雷起天門人不安雷起石門蝗蟲食禾凶雷起木門棺木貴歲大熟雷起風門有霜不傷雷起金門銅鐵貴雷起火門夏旱蝗蟲食稼雷起土門五穀賤魚不長雷起鬼門人民常暴死 開元占經 一百二

春始雷東方五穀盡熟人民蕃殖若夜雷歲半熟 雷始南方歲小旱夜雷大旱糴倍種不成 雷始西方穀小熟有蟲夜雷人民多病及六畜災 雷始西方五穀不熟有暴骨其野馬牛犬病夜雷赤地千里糴貴 雷始北方海水出百川皆流溢五穀不成夜雷百川皆溢

開元占經 一百二

春不雷而霜樹木以風落皆爲人疾病 開元占經 一百二

春三月甲子己丑戊寅辛卯戊午有雷擊物石其地有兵　春夏甲子丙寅戊子有雷殺人無兵兵起有軍軍在外大戰期不出五十日開元占經一百二

夏三月雷電不聞多疾病害五穀　夏三月甲子乙丑戊寅辛卯疾風雷在其城壞軍在外大戰　戊子雷電雲露變土易民以其雷日月深淺日當一月或當一歲不出其月必有亡國死主　庚子雷必有惡令期不出三十日或有兵令　庚午日雷不出其月兵起甲子雷亦主兵起開元占經一百二

春己丑丁丑夏甲午壬戌己亥丁未冬甲寅春戊寅夏戊申甲午丙戌冬戊子不雨而雷雷之所逮有折將流

血戊子雷雨三日止其下大戰大雨而雷外兵必歸不雨而雷兵起必阻王者動事不時正月大雷動事不明但雷而不電開元占經一百二

當雷不雷太陽弱此君弱臣强臣奪君政故春分之後雷不發聲君當揚威武退强臣正治道雷發聲矣開元占經一百二

人君德隆雷鳴盛春開元占經一百二

秋分雷春分不雷秋分不雷春分雷春過一日秋亦過一日開元占經一百二

春雷不發秋雷不藏君死國亡開元占經一百二

冬雷上朔皆爲其所當之鄉骸骨盈野夜雷亦然開元占經

一百二

冬雷者陽氣之盛應之各以雷鳴之日占何方各以其辰爲方 開元占經一百二

冬三月有大雷聞千里者人君絕令出走霹靂以兵去聲溫者以弱去矣 開元占經一百二

天冬雷地必震教令撓則冬雷民飢 開元占經一百二 御覽天部咎徵部俱引易妖占同 又後漢書劉昭補注引天冬雷地必震 又引教令撓

冬雷不蟄茲謂自藏萬物化不成 開元占經一百二

電生火有所擊極陰生陽之象 開元占經一百二

凡霆者金餘氣也金者內鏡而外冥人君即位乃先敬讓而內向賊心陰行眾物舉事發微自以爲明虛言妄

據深依以考凡事亦自以爲能矣故無雲而霆霆或爲
火者此人君以暴罰也開元占經一百二
霆如聚火者其起囗從此人君將喪之象也　霆或中
天而見此人君自以爲明也　霆或如交蛇光明而正
者此人君行明行直　霆或如赤下至地而復上者此
人君聽讒言也　霆或東西南北皆有霆者此人君行
役不避四時也　霆或正直而長光明者此人君行微
人不知曲直　霆或正黃澤者此人君行明雖得事實
取其中也　或霧而霆者此人君默行不得事實而亂
不息下將不制　霆瞬瞬暉暉者此人君質不知而自
明也　霆或奕奕明之而復息者此人君訊問內直言

之事　霆或無雲而以昏數見者此人君誠以微言而害人也一云默言　霆或如蛟蛇明久而後止者此人君行不明莫以爲是也　天陰不雨但爲霆者此人君陰行欲以求事實也開元占經一百二

五月無三卯早種大豆六月無三卯稼不收八月無三卯早種麥開元占經一百十一

正月一日候風平明和調不風植稼蠶善日中和調中稼稚蠶善至暮無風五穀蠶桑滋茂人民安堵六畜無病開元占經一百十一

太歲在寅歲中三十日大陰蠶不登菽麥昌人民食四升　太歲在卯歲中調和豆麥昌人民食五升旱四十

日在六月　太歲在辰歲中旱三十日六月大風旱六
十日歲人病豆成　太歲在巳小兵起大麥登四十日
旱在六月百物賤不宜早蠶晚者成五穀熟　太歲在
午五十日早蠶登百穀不熟晚蠶傷兵革起六畜小兒
死　太歲在未十月小兵豆登麥惡早蠶不成晚者好
旱六十日在二月　太歲在申蠶登麥熟五穀熟旱五
十日人多病兵革起早蠶不成晚者好　太歲在酉兵
起人病早蠶不登晚者好六畜傷六月七月旱　太歲
在戌兵起蠶不登肉賤牛馬貴高山旱又飢米斗七十
太歲在亥兵起人飢人多病憂在四十日在州旱七
十日豆麥好五穀成蠶子如星　太歲在子水旱不時

五穀不成旱三十三日在六月西方米麥暴貴　太歲在丑有兵起旱蠶不成晚者好人民不安開元占經一百十一

正月初一日爲雞二日爲狗三日爲羊四日爲豬五日爲牛六日爲馬七日爲人八日爲穀和調不風寒卽人不病六畜不死亡開元占經一百十一

凡正月一日雲起五色備且精神十二律氣各具歲美天下太平風雨從西北起羅貴開元占經一百十一

正月八日候月在參東大善在參西多水蟲在參北大惡開元占經一百十一

五月朔日當熱而風風雨者米貴人食草木風從北方來禾大敗人民相食開元占經一百十一

冬至後一日有壬無雨二日有壬稻再生三日四日有壬上下皆熟五日六日有壬溝渠溢苗易治七日八日有壬水橫流九日十日有壬無立牆過十日有壬還一等至後三日七日有壬苗難治開元占經一百十一

有木同本而枝異是華光國有文昌五穀登他民歸鄉開元占經一百十二

有僵木而起歲有大吉開元占經一百十二

木生有實其邑有慶開元占經一百十二

木夏落葉有兵喪開元占經一百十二

木冬生王者不年一作平有卿相出走開元占經一百十二

木冬榮黍不成開元占經一百十二

木冬生國后當之開元占經一百十二

木歲再華國后當之開元占經一百十二

木一歲再實鄰國來其國開元占經一百十二

木再榮於夏后亡國有喪若五穀不熟百姓罷作開元占經一百十二

伐木有血侯王有憂開元占經一百十二

林木生齒有兵起開元占經一百十二

榆莢不落國受大咎開元占經一百十二

流水化爲血兵且起以日辰占與其色後漢書劉昭補注　又隋書五行志中引水化爲血兵且起

江河溢者天有制度地有里數懷容水澤浸漑萬物今

溢者明在位者不勝任也三公之禍不能容也卒執法者利刑罰不用常法後漢書劉昭補注

人君無施澤惠利於下則致旱也不救必蝗蟲害穀其救也貰讁罰行寬大惠兆民勞功吏賜鰥寡稟不足後漢書劉昭補注　又藝文類聚災異部引別對災異同

京氏易卷三終

# 京氏易卷四

漢　魏　郡　太　守　京　房　撰

庚申科舉人充　實錄館校錄候選知縣王保訓集

## 易占下

君暴亂疾有道厥妖長人入國開元占經一百十三漢書五行志下之上引易傳云君暴亂疾有道厥妖長狄入國

權臣專政厥妖人生角開元占經一百十三漢書五行志下之上引易傳云冢宰專政厥妖人生角法苑珠林第二十五同

丈夫化爲婦人茲謂柔勝强陰勝陽邦必亡開元占經一百十三漢書五行志下之上引易傳云丈夫化爲女子茲謂陰勝厥咎亡宋書五行志五同

男化爲女有異姓來其國開元占經一百十三

女子化爲男子茲謂陰昌賤人爲政其邦必亡開元占經一百十三　漢書五行志下之上引易傳云女子化爲丈夫茲謂陰昌賤爲王　隋書五行志下　宋書五行志五俱引易傳同

君將絕嗣則君妾化爲男開元占經一百十三

人生而能行其國不昌其君有憂開元占經一百十三

自受其殃黔首散亡開元占經一百十三

人生子首在背天下易姓　人生子有一目其國不寍

人生子有二口以上國主見驚有兵　人生口舌長

天下有兵　人生子有一耳是謂不聰　人生子有三

耳以上是謂多方其國無王是謂多聰國事無定　人

生子有一手是謂不壽其國有咎　人生有三臂有反

臣　人生有三手以上臣謀主　人生三足是謂非常
天下有兵　人生子有一足是謂不行國主亡　人生
子有三十指民流亡　人生子有二鼻有民謀其主
人生有二背臣反主亡　人生子有三腹其國分　人
生有二腹是謂惡祥國主以仇亡　開元占經一百十三　南齊書卷十九五行志引易傳云生子二胸以上民謀其主三手以上臣謀其主二口以上國見驚以兵三耳以上是謂多聽國事無定二鼻以上國主久病三足三臂以上天下有兵
人生子目在首上及後天子亡　人生子目在項背天
子不安　人生子目在背及手天下有大事　人生子
目在腋下天下不相見　人生子目在陰天子無位
人生子目在踵及足是謂下視天下大兵　人生子口

在首上及在後國主亡　人生子口在肢臣主亡　人生子口在腹旁天下有兵一　曰爲天德五穀豐熟　人生子口在肢節天下民大飢流亡　人生子鼻在背及項天下不寍　人生子鼻在首前太子有殃　人生子鼻在腹天下大荒　人生子鼻在四肢節天子亡　人生子鼻在陰是謂不恆天子降　人生子耳在首上及前後天下有兵民流亡國君喪　人生子耳在腹天下兵　人生子耳在背及肩項天下有憂　人生子耳在四肢及手足有反主者　人生子腹在背天下飢　人生子腹在手上前後天下民飢兵作　人生子腹在四肢天下有大兵天子易　人生子四肢在背天下亂兵

作　人生子陰在首天下大亂在背天子無後　人生子陰在腹天下有大事開元占經一百十三

人生子無目其國主暴死　人生子無口其國主見賊一曰多疾　人生子無脣是謂不祥國主死亡　人生子無舌天子不聰　人生子無指天下有更令　人生子無腹其國大熟　人生子無四肢其國主君臣有反者　人生子無陰其國主無後　人生子無尻國主以仇亡開元占經一百十三

人生六畜是謂國更政天下易主　人生馬百姓勞苦　人生彘犬人主失道　人生彘貴人羣義民不義

人生六畜形人面者天子不聰　人生六畜口在手之

上及腹天下有大兵　人生六畜口在腹背胸天下有
反者　人生子人形六畜面更天子　人生六畜口在
陰天下有惡天子　人生六畜耳在腹上天下有憂又
云有反者　人生六畜耳在四肢天下有兵一曰天下
大荒　人生六畜耳在腹及胸天下有反臣　人生六
畜耳在陰羣臣常謀天下　人生六畜四肢在腹及首
天下大亂　人生六畜有三首以上天下樂昌　人生
六畜有兩身天下有重兵　人生六畜有三目以上天
下有亂臣　人生六畜有一目國令不行　人生六畜
有兩口以上天下有兵　人生六畜有三耳以上天下
有大事　人生六畜有一耳國主不聽　人生六畜有

兩鼻以上有謀反者　人生六畜有一足天下無主
人生六畜有二足天下有大憂　人生六畜陰在首上
天子失位　人生六畜有二陰以上國主多子　人生
六畜有四肢無節天下有不善者　人生六畜有二尾
以上國有大事　人生六畜有毛無羽天子失位　人
生六畜有羽無毛天子無朝之者　人生六畜身半有
毛半無毛國有大事　人生六畜無面天下兵作　人
生六畜無首天下無主天子失位　人生六畜無目社
稷亡　人生六畜無口天下大飢重有大兵　人生六
畜無鼻天下有災　人生六畜無耳天子無善令　人
生六畜無腹天下大飢重以大兵　人生六畜無四肢

天子無忠臣　人生六畜無陰天子無後　人生六畜
無筋骨肉天下昌　人生六畜無尾是謂無後近臣反
殺主　人生六畜無毛天下貧民飢 開元占經一百十三
人生野獸天下不通　人生野獸有他變形天下大兵
凶亡 開元占經一百十三
人生子盡爲五穀國民昌　人生子盡爲艸木國主死
人生子盡爲石兵强　人生他物非人所見聞者皆
爲天下有兵 開元占經一百十三
人生龍有異姓來相其國君將亡　人生子人面而龍
蛇形者天下有兵 開元占經一百十三
子不三年改父之道則爲私厥妖人死復生 開元占經一百十三

漢書五行志下之上引易傳云幹父之蠱有子考亡咎子三年不改父道思慕不皇亦重見先人之非不則爲私厥妖人死復生

長人見亡隋書五行志下

國空虛人君有尸祿則鬼夜哭　鬼夜哭國將亡開元占經一百十三

君刀劍無故自拔與其室相去君見殺開元占經一百十四

君刀劍無故自鳴他人無聞者而君獨聞之妻妾且殺其君開元占經一百十四

民人好著素服者民多喪期三年眾人好學諸侯之服而高其衣服不出五年奪民開元占經一百十四

君朝服無故自亡君且事臣大凶開元占經一百十四

君履無故自著於君足有遠行　君履無故自亡君且不復遠行開元占經一百十四

上下咸悖厥妖城門壞開元占經一百十四　漢書五行志下之下　隋書五行志下　宋書五行志三俱引易傳同　後漢書五行志五引上下咸悖厥訞城門內崩

君門戶自亡其君且殺開元占經一百十四

邑城門無故夜鳴邑有大喪人家亦然開元占經一百十四

君室中無故有人聲且有大姦　君室殿無故有哭聲及家大凶開元占經一百十四

賤人將貴則城復於隍開元占經一百十四

社鳴賓邑虛虛邑實　里社鳴聖人出　社樹自移君有大行移來國昌開元占經一百十四

市人無故自驚者春驚期一年夏驚期二年秋驚期三年冬驚期四年案握鏡曰大兵起失政之象也開元占經一百四十

天不雨糴肆自出泉天下亂　糴肆無故自出泉民人相食君肆無故自出泉將軍與相爲亂一曰國內亂期三年開元占經一百十四

天不雨廟自濡者其國大饑人主當之　天不雨而城自濡者其國大潰亂相當之開元占經一百十四

君宫室無故自動者且爲丘墟開元占經一百十四

鳳凰來儀翽翽其羽兹謂休德開元占經一百十五

山見白燕其君宜得貴女開元占經一百十五　御覽羽族部又禽部并引注云今

俗名燕爲天女 吳淑事類賦

鷄巢園樹歲安熟 開元占經一百十五

鵲巢軍旗鼓上將軍死　鶴巢樹此謂失教邑亡歲若人多死 開元占經一百十五

燕羣鬬外內飢於寇國兵起　燕自巢市朝之樹爲政者凶 開元占經一百十五

燕銜土置之國益土　燕銜土出置之邑中虛 開元占經一百十五

燕與雀鬬賤人爲寇 開元占經一百十五

雞無故夜鳴必有急令　雞據棲而鳴邑令不遷乃免也 開元占經一百十五

雞夜半中鳴有軍軍罷若有驚亡將軍妻死　雞黃昏鳴人民有事人定鳴且戰夜半鳴流血滂沱　雞不以時鳴國當之　雌雞非時而雄鳴者家大傷開元占經一百十五

雞與野鳥飛走入堂而鬬若戲其君不復居人主亡

雞與野鳥鬬其邑亂臣弑君大臣相戮流血滂沱　雞鳥相鬬其國殺大臣有喪邑流血開元占經一百十五

雞不鼓翼國受大咎開元占經一百十五

雞生子不完其邑憂　雞不卵生子無羽而獸形邑虛　雞不卵而生子非雞形者邑有大水　雞不卵而生子爲六畜邑有兵作　雞不卵而生子爲鼠形者邑有大害　雞不卵而生子爲野獸形者邑有大憂　雞不

卵而生子有六畜者邑有憂　雞卵中盡爲蟲蛇蜂蠅國邑虛開元占經一百十五

雉無故立宮闕門上其主且失宮殿　雉無故巢於君屋上有大事宮虛　雉止君屋上爲虛不可居君當之

雉無故入人室庭家虛開元占經一百十五

雉無故巢木上水大至開元占經一百十五

雀無故巢木歲大水兵起　雀無故穴其地邑有兵

雀不見歲大饑開元占經一百十五

鳩巢邑去樹木之地若室上謂去常居亡地且兵開元占經一百十五

鵲夜鳴旦必有大兵　鵲巢軍起貧屋空虛　鵲無故

自死宮中主死　鵲無故自死君宮室門上有喜及屋上亦然開元占經一百十五　伯勞鳥鳴爲怪君室凶　伯勞鳥聚軍中歲大饑　伯勞鳥聚軍中大水且至　鳥巢軍旗鼓上將軍死　鳥集聚軍中將軍出令增秩應之開元占經一百十五　鳥無故巢於門上及殿下宮邑且虛其屋巢者爲不終歲無兵者兵作開元占經一百十五　衆鳥皆無故自立城泣及在室上者國凶家亦然　飛鳥無故泣而立於野及木上鳴而相應邑有大兵　衆鳥無故立城泣邑門上其邑且虛　鳥鳴門闕上如人音邑且亡　衆鳥羣鳴城上聲習習邑且空　衆鳥鳴

向軍中必暴戰不出三四日中　衆鳥夜鳴旦必有甲兵（開元占經一百十五）

鳥無故羣立君門上者其君死　衆鳥集止城上內向則邑見圍外向邑大兵行　衆鳥棲城上內向則凶外向破於兵　日有非常之鳥來宿於邑此爲斂吏邑有兵　飛鳥皆無故自入宿邑中及附木上不大凶卽邑虛　野鳥飛入君室其邑虛亡民有殃　鳥無故羣宿邑中其邑虛（開元占經一百十五）

衆鳥無故自死宮中其君死　飛鳥無故飛舞於市邑且有兵　飛鳥與野獸鬭國有殃　衆鳥飛有人形爲兵　衆飛鳥爲獸形見卽大人憂　衆飛鳥爲六畜形

見則有兵開元占經一百十五

故墟無人衆鳥集之必復居　有白文鳥居野不及三年有死君此旱祥也開元占經一百十五

鳥巢軍營屋空虛　鳥集衆軍中將軍出令增秩應之

鳥集軍中人皆不知其名此爲勞軍必敗　野鳥羣入軍室必滅　衆鳥羣飛軍上多戰必敗兵且罷　軍中有飛鳥止軍上若萬數其將軍應死開元占經一百十五

麒麟麢身牛尾馬蹄有五彩腹下黃高丈二尺毛長開元占經一百十六　爾雅釋獸疏引易傳麐麢身牛尾狼額馬蹄有五彩腹下黃高丈二

虎斷道邊國謀　白虎入國邑野人爲政危其宗人開元占經一百十六

狐逐家人犬者夷狄且來入君邑中　狐入室必有大喪將出室不居一百十六開元占經

兎入於宮其君亡一百十六開元占經

兎無故入宮者潰其宮矣家亦然　兎止城上邑必虛

兎無故入宮殿入宮殿生子者其宮且空生艸木矣

兎無故宿及守之其邑君死兵小行生子者宮有憂

開元占經一百十六

鼠羣行有水期一年　鼠無故羣不居穴衆聚居殿中者其君死

鼠無故却退而前尾者邑有憂　鼠無故羣相隨朝夕鳴邑且爲湖澤期一年內

鼠無故朝時及暮時當朝邑門而泣邑且空虛　鼠相鬬其君死

鼠無故鳴於市朝其邑有大喪　鼠無故舞邑門外厥君亡於庭中道上其邑有大兵開元占經一百十六　鼠無故皆自積土大水且至水去邑飢　鼠無故巢木上邑且大水開元占經一百十六

衆鼠逐狸茲謂有傷臣代其王忠爲亂天辟亡　鼠無故逐狸狗是謂反祥臣且殺其君　衆鼠逐狸殺其君大臣亡或曰諸侯以婦女誅異姓來相國者也開元占經一百十六

鼠無故皆自相殺斬其首道中者兵作　鼠鬬殿上其君死　鼠生子宮中而不穴宮且空　鼠無故殺其子若自出穴其子死於穴中其邑且虛　鼠無故血殿上

宮中其君死　鼠無故齧殿上及巔穴中地其君死
鼠無故穿殿上及室中邑舍空　鼠穿門戸外內通明
大喜　鼠穿門戸不徹外有遷者　鼠無故自常宿蓐
席中身死　鼠交殿上其君死開元占經一百十六
鼠齧人杖主被傷　鼠齧馬蹄行破亡　鼠齧履頭家
有喪急去之　鼠齧牛角及蹄不行　鼠齧冠卽其身
死若有喪　鼠齧人帶有利吏被選斷疑獄辭連　鼠
齧刀劍奴妾不祥後有殃　鼠齧官府文書及尾官府
有赦　鼠齧背上準有喪　鼠齧上衽有利囊得財
鼠齧人鼻且有喪　鼠齧人頭男子傷洗浴吉　鼠齧
人者有賊謀　鼠齧人足有行事去而吉　鼠齧人頰

必被辱若喪　鼠齧人手指奴婢死　鼠齧人耳目有
欲爲賊者　鼠齧人髮是謂御者女子大賊　鼠齧人
織布帛傷衣喪　鼠齧祭物家喪敗　鼠齧宮中樹木
枝葉家有賊　鼠齧牀席中央夫婦離散　鼠爲怪者
凶傷大人爲冶燒鐵門左無咎開元占經一百十六
野獸大小入邑中及朝廷若大道上邑有大害君亡地
有流血　野獸無故入邑居朝廷門內外及宮府中庭
邑且虛家無人　野獸羣鳴邑中且空虛　野獸自經
於市中邑且火歲凶　野獸入軍中將軍戰必大敗急
祭祀鬼神以救之　野獸鳴軍中大邦小小邦大　野
獸生子邑中者其邑大虛開元占經一百十六　南齊書卷十九五行志引易傳云

野獸入邑其邑大虛

有四足與飛鳥鬬有兵起大臣去　野獸來與家畜鬬有隣國來伐國將亡開元占經一百十六

野獸生子異形者且易其主　野獸生子爲蠭蟲爲蜂形天下且更令　野獸生子爲鼠走入君室邑且亡社稷爲人所攻　野獸生子爲虵者其邑大事　野獸生子其足多者邑有憂　野獸生子足少者邑有喪　野獸生子其口多者邑有兵　野獸生子其目多者邑有憂　野獸生子其目少者邑有急兵　野獸生子無目者其邑有憂　野獸生子無耳鼻其邑有兵　野獸生子耳鼻多者其邑有行兵　野獸生子耳鼻少者邑有

大兵起　野獸生子無尾者邑無後　野獸生子其形不居其處者皆爲兵事開元占經一百十六

牛無故夜皆鳴且有暴兵牝牛善牡鳴及於大道上邑有大兵開元占經一百十七

牛能言如其言占吉凶　牛自地中出邑中有兵小民破亡君有喪不出三年　牡牛生子其君無後開元占經一百十七

牛生子一首二身其邑分牛生子二首天下分南北之象也　牛生八足上有三首邑增地君任邪佞則牛兩頭八足二尾　牛生子三角其邑且有兵牛生子三目以上邑有賊臣臣多口則牛四目在背牛生子三鼻其

邑有兵　牛生子鼻一孔邑作事不成若君不聽事則
牛一耳　牛生子三耳以上邑大亂人君衆惡同志至
德潛隱興徭役奪民時則牛生五蹄民人徭三月邑有
賊臣則牛二尾　牛生子三陰以上君多子牛生子目
在腹下及旁邑且有事　牛生子口在腹下及在頭上
邑有大事　牛生子口在四肢邑君亡　牛生子口在
背其邑臣口舌　牛生子耳在腹下民大飢　牛生子
耳鼻在腹及背其君相謀傷　牛生子鼻在四肢上邑
有大賊　牛生子足在腹邑徙　牛生子尾在腹邑大
徭　牛生子尾在四肢邑君易　牛生子無首邑無令
君不吉　牛生子無鼻太息　牛生子無尾民貧士弱

牛生子無毛有羽邑君亡　牛生子無陰其君無子君無子則牛無陰　牛生子無足其邑穀不成　牛生子足在背邑且有大兵兵行徭役奪民時厥妖牛生五足　牛生子三足其邑君有疾病　開元占經一百十七　漢書五行志下之上引易傳云興徭役奪民時厥妖牛生五足　法苑珠林第九十七同

牛生人民流亡　牛生人一身二首其邑昌　牛生人一身三首其邑有兵　牛生人一身二首無口三鼻一鼻在項一鼻在頰其邑有兵不隱　牛生人一身一首無目一耳相臣有兵　牛生人一身二首無目三耳一耳在項一耳在頰其邑有兵　牛生人一身三首一鼻在項一鼻在頰女人治其政　牛生人一身二首無耳

二口一口在頰民飢　牛生人一身二首無耳三口以上一口居項一口居頰人民飢　牛生人一身三首二口無耳一口在項民驚兵君亂亡　牛生人一身二首無耳三口一口在頰一口在股一本作腹上民且大驚其邑有亂亡　牛生人一身三首三耳無目一耳居項一耳居頰其邑有兵民多流亡　牛生人三頭三面有軍行

牛生人一首四面其君亡地　牛生人一首二口其邑大飢　牛生人一首一鼻邑民貧　牛生人一首三目以上天下有爭者　牛生人一首三耳以上邑治且亂　牛生人一首一面天下有爭者　牛生人頰以上無其邑有兵　牛生人二首以上其臣有反者邑有大

疫　牛生人三足以上民多相讒　牛生人三臂以上其邑兵行　牛生人三陰以上其國有謀臣　牛生人目在腋下其君且凶　牛生人目在腹下天下諸侯雜居目在背邑有大臣反　牛生人目及鼻在足下此謂不親其邑有大謀　牛生人鼻在腋下主令不行　牛生人鼻在足民灾　牛生人鼻在腹其邑穀不成　牛生人鼻在背其民多疾　牛生人口在腹下邑有火　牛生人口在背邑得利臣有凶事　牛生人腹在脛邑有飢　牛生人陰在背腹其君有大事　牛生人無鼻邑有喪　牛生人無耳有鬼驚人者相主走　牛生人無足其邑不種　牛生人無臂其邑疾　牛生人無體

其邑有事　牛生人無腹其邑飢　牛生人人身而六
畜面者此則不吉臣下不受命　牛生人人身而鳥頭
面者邑有兵　牛生人人面而六畜身者此謂不祥其
邑有兵　牛生人人面而犬身其邑苦　牛生人人面
而獸身者邑有亡地　牛生人人面魚身者邑有水
牛生人人身而蟲虵面者其邑亡地　牛生人人面而
蟲虵身者此邑有空開元占經一百十七
邑更主則牛生六畜牛生六畜其邑女子爲主君不安
宅則牛生馬　牛生馬兵將作人零落不安宅　牛生
六畜人形者其邑更主牛生六畜一身一首其君亡
牛生六畜二鼻以上其君有兵牛生六畜二口以上邑

有兵　牛生六畜二耳二口以上邑亡地　牛生畜無目其邑令不行　牛生六畜無四肢主不治開元占經一百十七

天下虛則牛生魚開元占經一百十七

牛生五穀其邑昌且大穰　牛生土及屎土邑地大昌

牛生金鐵其邑有兵　兵強主武則牛生石牛屎生草木其君死　牛屎布帛其君有令德善政開元占經一百十七

馬化爲牛君且無兵強也　馬出地中國有兵民散亡軍喪不出三年開元占經一百十八

馬一夜改毛易政　馬一夜變毛名曰易衣君且小憂有馬之家家長死　馬一夜變易毛色南鄉更爲北鄉東鄉更爲西鄉政且有變開元占經一百十八

馬無故一夜皆鳴且有大兵來者開元占經一百十八

馬能言如其言吉則吉言凶則凶開元占經一百十八

馬走入君宮有兵事大凶憂開元占經一百十八

下不順政厥妖馬生角茲謂賢士不足開元占經一百十八　漢書五行志下之上引易傳云臣易上政不順厥妖馬生角茲謂賢士不足　宋書五行志四引臣易上政厥妖馬生角

天子親伐馬生角開元占經一百十八　漢書五行志下之上引易傳云方伯分威厥妖牡馬生子

馬生子一目其君弱　馬生子三目以上臣制主令

馬生子二口以上者其令多亂　馬生子三鼻以上民流亡　馬生子三耳以上其民人多死者　馬生子二

足以上民流亡　馬生子三足其邑主有不祥　馬生子二陰以上有兵　馬生子目在腹下及在旁其邑有兵　馬生子目在四肢其邑俘四　馬生子目在陰其邑大弱主亡　馬生子目在背民流亡不從令　馬生子口在背邑民大去其君憂　馬生子口在腹邑飢五穀大貴　馬生子耳鼻在四肢者兵作　馬生子耳鼻在腹及背臣叛上敗績　馬生子足在首失邑君憂　馬生子足在背人主有行足在腹主勞民飢　馬生子尾在足五穀不成　馬生子尾在背其君婬　馬生子尾在腹臣謀反　馬生子無目其邑君久病　馬生子無口鼻其邑君無子　馬生子無耳主失位　馬生子

無足主失位開元占經一百十八

上無天子諸侯相伐民流百姓勞厥妖馬生人　馬生人一身有兩頭以上足有反者兵大作　馬生人一首三顙以上邑相轢亂　馬生人一首兩顙以上邑有大兵　馬生人一身而兩首無目一耳居顙以上者邑且有兵　馬生人一身三首以上三耳以上無目一耳居顙上是謂不祥天下有兵民流亡　馬生人一身兩首九口鼻居項天下大飢民流亡　馬生人一身兩首以上無耳無口二鼻以上一鼻著項一鼻著顙天下有兵喪　馬生人一身兩首邑棄主　馬生人一身兩面以上其邑大不祥　馬生人三首以上邑爭凶　馬生人

一身三耳以上其邑亂　馬生人一首兩鼻以上邑民
貧　馬生人有臂無首足邑有兵不勝凶　馬生人三
臂以上邑君有惡疾　馬生人三足以上其邑勞　馬
生人三腹以上無足邑有大喪　馬生人三陰以上臣
謀其主　馬生人首在腋下主賊殺於臣　馬生人首
在足下邑君私社稷亡　馬生人首在背民大勞苦
馬生人首在陰其君亡地　馬生人目在腋下其君哭
　馬生人目在背邑有大兵流亡　馬生人目在腋若
喉纇人主有亡地　馬生人目在足下此謂下視欲謀
其上　馬生人口在腹邑有兵民且飢　馬生人口在
背邑有大事民絶食　馬生人鼻在腹下主令不行

馬生人鼻在足下民相從哭　馬生人鼻在腹下其邑

穀不成　馬生人鼻在背邑民勞　馬生人鼻在陰邑

君鬼神不享　馬生人耳在背民不相從邑有兵　馬

生人耳在腹其邑弱主治不行　馬生人耳在陰賢者

不上通　馬生人腹在跨其邑大飢君亡地　馬生人

陰在上其君無子　馬生人陰在背腹民飢臣下大謀

其主　馬生人四肢在首及項其君失位　馬生人無

首其君大疾　馬生人無目其國失令亡　馬生人無

口天下大飢　馬生人無鼻其邑有喪　馬生人無耳

其邑有鬼驚人主　馬生人無手足其邑不穀　馬生

人無臂邑有兵兵敗　馬生人無腹邑亡有兵民飢

馬生人人身而畜面者民飢主易　馬生人人面而六畜身者是不祥邑有兵　馬生人人面野獸身者邑有大客及兵　馬生人人身而野獸面者君有亡邑　馬生人人面鳥身是謂不祥邑有兵　馬生人人身而蟲虵面者邑且亡　馬生人人面而蟲虵身者謂邑虛及有兵　馬生人人身而虵龍面者其邑有弱主不治

馬生人人面而龍虵身者民流亡開元占經一百十八

馬生六畜君有大事　馬生羊邑安國無憂民大安

馬生牛人安五穀蓄　馬生六畜一首兩身其君且逐

　馬生六畜二口以上天下有作兵者　馬生六畜二鼻以上民大飢　馬生六畜三耳三目以上君失社稷

亡　馬生六畜無首人君失位　馬生六畜無四肢其君不安　馬生六畜無目臣塞君之善士令不行　馬生六畜無鼻口天下有兵　馬生六畜無耳天子失忠臣　馬生六畜無陰者女主治開元占經一百十八

馬生野獸有他變形者民盡爲兵　馬生野獸天下不通　馬生飛鳥民不安有反臣　馬生飛鳥有他變形者皆爲兵喪　馬生魚邑主憂一云大水至穀不成

馬生蟲蛇及蜂蛟者其邑流亡開元占經一百十八

馬生五穀歲樂昌　馬生金鐵其邑臣有欲賊主者

馬生石其邑强　馬生土其邑增地　馬生艸木其君疾　馬生布帛政令且更開元占經一百十八

狗生角執政失將害之應君子危咯則狗生角舊唐書卷三十七五行志　漢書五行志下之上引易傳云執政失下將害之厥妖狗生角君子苟免小人陷之厥妖狗生角

佞臣在側則犬妖生歲多蝗蟲任佞則羣物盡傷犬妖則軍兵將至、犬能言吉凶如其言　犬呼其主主且亡開元占經一百十九　晉書五行志下引易傳云讒臣在側則犬生妖

犬晨夜噑堂室上冢且有喪邑亦然　犬無故皆見鼠不動邑且有賊臣公不禁下　犬若無故當邑及宮門聚如尸皆大凶　犬無故相從浴水中兵大作　犬自地中出邑大水君且貧開元占經一百十九

君不正臣欲篡厥妖狗冠出朝門開元占經一百十九　漢書五行志中之上引易傳同　後漢書五行志一引易傳君不正臣欲篡厥妖狗冠出

犬生角人主失政小人進用開元占經一百十九

人君夫婦不嚴厥妖狗與豕交茲謂反德國有兵革開元占經一百十九　漢書五行志中之上引易傳同

犬生子三耳以上邑且有亂臣　犬生子一目邑有臣事二主者　犬生子三目以上邑有大臣謀主　犬生子有二口邑有憂　犬生子鼻一孔邑有兵　犬生子有二鼻邑且有兵　犬生子三足以上其邑主有公侯　犬生子有五足以上其邑且大卒行　犬生子有二陰君多子　犬生子有二尾以上邑有徙亡　犬生子口在背邑有反臣　犬生子口在陰邑臣彊主命弱令不行　犬生子口在四足臣殺其君下及腹旁邑大憂

犬生子口在腹民大飢　犬生子口在四肢其邑君
亡　犬生子有鼻在四肢邑有兵　犬生子足在腹邑
有徙亡　犬生子足在背邑有大咎　犬生子足在首
邑君且有大咎　犬生子尾在腹邑有大臣殺君　犬
生子無尾邑有大臣殺君　犬生子尾在背四肢邑有
三主爭者　犬生子無目邑主病　犬生子無口鼻民
飢　犬生子無足穀不成　犬生子無尾邑民貧開元占經
一百十九
犬生人其邑君失位兵行　犬生人人形或不具其邑
有兵　犬生子人之形而物各不居其所者主亡　犬
生子人之形而六畜身者主亡有大咎　犬生子人之

形而飛鳥身者邑大水　犬生子人之形而野獸身者此有亡主　犬生子人形而魚身者邑大水　犬生子人形而鼠身其邑虛開元占經一百十九

犬生六畜其邑易命有大事　犬生六畜一首二身邑有廢　犬生六畜兩身邑且二君流　犬生六畜兩口以上邑大臣亂　犬生六畜三鼻其邑有亂臣　犬生六畜有人形者邑易主　犬生六畜無首其邑有大事

犬生六畜無耳邑不用事　犬生六畜無目其邑兵行　犬生六畜無口鼻民流亡兵作　犬生六畜無四肢邑不治有兵　犬生六畜無陰主且暴死　犬生豕歲大熟民樂開元占經一百十九

犬生子爲鼠歲虛民流亡　犬生子爲魚邑有大水
犬生野獸邑有大咎　犬生野獸人形者邑有大兵
犬生飛鳥或有人形而不具皆爲大兵及大水　犬生
子爲蜂天下更令　犬生子爲蜂虵其邑民人流　犬
矢宮室中堂殿上三日以上邑空虛　犬矢王門中其
主有喜　犬矢王門外邑主有憂　犬矢邑社或及大
神五日以上邑亡　犬皆羣溺於邑門外及內兵作家
人亦然　犬無故大道矢而行邑大凶　羣犬無故皆
矢大道中兵行　犬矢人民牀席上其殃大　犬矢井
中家虛邑亦然　犬無故溺人其人不出三歲亡　犬
矢石其邑臣强君弱　犬矢金鐵邑兵大作　犬矢土

邑益墜墜地也　犬矢五穀邑昌歲成　犬矢布帛邑有
暴政、　犬矢艸木邑有大喪開元占經一百十九
豕能言吉凶如其言　豕晝同時俱鳴此謂哭主歲不
成　豕自食其子家破　豕反自食其尾家富歲且凶
豕之屋上其邑得賢士　豕入君室中其社稷邑君
且亡　豕無故入君室屋且有女憂爲亂　赤彘見於
國不出三年必有大禍野人爲政開元占經一百十九
豕生子有角其邑有福祿　豕生子有二口以上其邑
且安　豕生子鼻一穴郡有九侯　豕生子三足其歲
不熟　豕生子五足以上其邑有大咎兵作　豕生子
一陰其邑主無後　豕生子目在四肢其邑兵行其地

豕生子目在腹下及旁邑有大咎　豕生子口在背
邑主弱羣臣奪王令不行　豕生子口在腹其邑飢
豕生子口在四肢民飢兵作邑亡　豕生子口在陰邑
有大謀　豕生子耳鼻在腹及背臣謀其主　豕生子
耳鼻在四肢及在首上兵作邑中　豕生子足在首上
亡社稷　豕生子足在腹邑有大事　豕生子足在背
其民勞於兵　豕生子尾在腹及首邑有大事　豕生
子無口其邑亂　豕生子無目其邑臣奪主令　豕生
子無尾其邑兵弱　豕生子無尾有羽邑亡　豕生人
之形卽純行室人且行兵不純行其邑失社稷　豕生
人而有六畜形者其邑亂亡　豕生人形而有飛鳥者

其邑大水　豕生人形而有野獸形者其邑兵作　豕
生人形而物各有不居其位者邑亡　豕生六畜其邑
易主　豕生犬其君走謀於野中　豕生犬形不具邑
有兵諸侯數起　豕生六畜有人形邑且更令　豕生
六畜一首二身邑分　豕生六畜二鼻以上邑有兵行
豕生六畜二口以上其邑亡地臣亂　豕生六畜三
鼻三目以上其邑大恐　豕生六畜無首其邑不安
豕生六畜無目邑令不行　豕生六畜無耳其邑君且
不聽政　豕生六畜無口鼻其邑民流亡　豕生六畜
無陰其邑無嗣子　豕生六畜無四肢其君不治　豕
生野獸其邑民飢有兵　豕生飛鳥其邑水　豕生魚

其邑大水災　豕生蟲蠅其邑流亡　豕矢金鐵邑兵大作　豕矢土邑增土　豕矢石邑大兵强勝四方也　豕矢五穀歲成熟　豕矢艸木其邑有喪開元占經一百十九

山見龍過於邑邑遷　赤龍見於國不出三年必有大禍野人爲政　井出龍若馬君不守宗廟開元占經一百二十

有德遭害厥妖龍見井中開元占經一百二十　漢書五行志下之上引同

君行暴惡黑龍從井中出開元占經一百二十　漢書五行志下之上引易傳云行刑暴惡黑龍從井中出

龍鬭邑中歷數日不止人主分北兵爲憂開元占經一百二十

海數見巨魚邪人進賢者疏開元占經一百二十　漢書五行志下之上　後漢書劉昭補志引易傳同

衆逆同志厥妖河魚逆上開元占經一百二十　漢書五行志下之上引易傳云衆逆同志厥妖河魚逆流上

魚入師中司馬將戰勝魚飛集於司馬鼓上司馬當之　魚飛者國無無禮義則魚飛水有淵奧鄖魚居焉國無禮義民去焉故魚飛不救有虛邑其救也安民治業定禮興樂開元占經一百二十

亢蚍冬出則軍凶　青蚍見足軍中將罷　蚍羣聚大道上邑有急兵　蚍聚於國必有圍城　黃蚍見於邑旱長蚍見大水開元占經一百二十

蛇鳴君室凶開元占經一百二十

見山蛩蛆入於邑內殺開元占經一百二十下引廣雅曰蜈蚣也

蟻無故當道若門戸城聚土水且傷人開元占經一百二十　案一本引此作天鏡　又吳淑事類賦引蟻無故當道若門戸城郭聚土水且傷人

螻蛄大如斗長一丈見邑且有賤人貴開元占經一百二十

吏爲貪狠多螟螣宫室奢蟲食葉開元占經一百二十

政無節蟲食葉開元占經一百二十

臣安祿厥災蟲食根不絀無德蟲食本害忠孝蟲食根開元占經一百二十　漢書五行志下之下引易傳云臣安祿茲謂貪厥災蟲蟲食根　不絀無德蟲食本

與公侯爭蟲食蠶傷忠臣蟲食蠶開元占經一百二十

軍行道逢蟲蛇怒兵大戰吏兵與馬賊將死以君任用五校亂錯故致此怪開元占經一百二十

京氏易卷四終

# 京氏易卷五

漢　魏　郡　太　守　京　房　撰

庚申科舉人充　實錄館校錄候選知縣王保訓集

## 易妖占

天鳴有聲人主憂晉書天文志中　開元占經三乾象通鑑引天有聲人主有憂

天有懸車之聲人主憂御覽咎徵部

天裂陽不足下害上之象天裂見人兵起國亡天開見光血流滂滂御覽咎徵部　開元占經三引天開見光血流滂滂

天分因作亂之君無道之臣欲裂其土國之主當之開元占經三

天雨粟不肖者食祿與三公易位御覽百穀部

天雨稻黍者亡天雨稻大臣當株誅御覽百穀部

天雨黍粟大人出走御覽百穀部

天雨棗民流亡也御覽果部

天雨毛羽貴人出走宋書五行志二 乾象通鑑 晉書五行志中引天雨毛羽貴人出走 又開元占經三引易占云天雨毛邪人進賢人逃貴人走

天雨肉盈寸過一時朝廷有內變人君惡之亦曰臣弑君亦曰君族離散流亡乾象通鑑

天冬雷地必震教令撓則冬雷民饑御覽天部 又咎徵部 開元占經一百二引京氏同 後漢書劉昭補注引天冬雷地必震 又引教令撓

地自陷其君亡隋書五行志下

地分裂羌夷叛隋書五行志下

陰倍陽地分坼開元占經四乾象通鑑

地分下叛主賢明者退不肖者進開元占經四乾象通鑑引地分裂下叛上賢者退不肖者進

地劈大者此謂兵起天下分離長一里以上及成谷其中有水且至所謂地劈者坼也開元占經四

地劈於邑城毀廢劈於邑朝天下有大兵其邑獨亡春夏無傷劈於朝廷邑分離爲數鄉劈於宮殿室邑社稷滅亡劈於社稷及大祠其下邑有大殃劈於丘塚下民大死亡開元占經四

地以正月劈不傷歲以二月劈人主吉歲樂以三月劈歲熟吉以四月劈人主吉歲熟五穀登以五月劈五穀

收以六月劈此歲定無傷以七月劈有驚駭兵起發以八月劈兵大作民流亡以九月劈有兵行人主恐亡以十月劈有亡邑有兵以十一月劈民不安兵大作以十二月劈人主大將亡開元占經四

地劈有狀掌掌闌闌此兵起邑分有音哅哅亂天下不安傳驛相從開元占經四

地分坼軍破將急出出去不可止開元占經四

地自下其君亡開元占經四

家無故宅自陷下此必人亡其邑郡矣開元占經四

地以正月自下宜有大事以二月自下□□以三月自下水大以四月自下火至以五月自下不吉天下有兵

民分離鄉以六月自下大水且至多不常以七月自下
天下兵大行以八月自下天下大搖民多行以九月自
下有亡主以十月自下天下有兵以十一月自下有水
且行以十二月自下大水且移者傷開元占經四
地生毛百姓勞苦　功臣戮厥地生血開元占經四
地動驚牛馬禽獸者天子失位地動於宗廟朝廷者邑
有叛臣乾象通鑑
國無忠臣地動不已乾象通鑑
地以春動者歲不昌地以夏動者人主憂五穀不熟地
以秋動者有兵起地以冬動者邑有土功乾象通鑑
地動者教令從臣下出其下歲饑必有流血乾象通鑑

地坼者下有兵起乾象通鑑

地長四時暴占春夏多吉秋冬多凶法苑珠林第七十二

凡日赤無光皆主君凶也開元占經五

君不明日無光開元占經五

赤雲貫日者狀如建鼓此謂守威有扈下此云啟之所攻也開元占經六

天下雲盡赤日無光三十日有兵乾象通鑑

姦臣盛則日晝昧乾象通鑑引易占云姦臣盛日晝昏開元占經六

日蝕無道之君當之開元占經九

日蝕盡臣欲殺主一曰歲有敵起君一日有喪開元占經九

日以甲乙有二珥而蝕東西南北有白雲銜之天下有

兵　日以丙丁有二珥而蝕有黑雲衝出東南西北天下有兵　日以戊己有二珥而蝕上有青雲衝出東西南北人主有喪　日以庚辛有二珥而蝕從下始又有赤雲衝出東南西北三邑兵作　日以壬癸有二珥而蝕有黃雲衝出邑有土功事開元占經九又乾象通鑑引

日以春二珥而蝕從下始大半邑有死主開元占經九

日以春三珥而蝕從上始大半天下邑有小兵重以喪開元占經九

日以春四珥而蝕從下始大半天下凶開元占經九

日以春暈三珥而蝕從上始天下有兵開元占經九

日以春暈四珥而蝕從下始天下有大喪開元占經九

日以甲乙日有二珥四珥而蝕者有白雲中出天下有兵　日以丙丁日有二珥四珥而蝕者有黑雲中出天下疾疫　日以戊己日有二珥四珥而蝕者有青雲中出人主有兵喪　日以庚辛日有二珥四珥而蝕者有赤雲中出天下有繫　日以壬癸日有二珥四珥而蝕者有黃雲中出有土功事 乾象通鑑

日蝕既者其下臣欲弑主夷兵起一曰霸者興 乾象通鑑

月行南為旱北行為水當道天門駟之間天下大安五穀大得人主延年益壽 開元占經十一　月行南道為旱月行北道為水 乾象通鑑引　月行中道天門之間則天下大安五穀豐登人主益壽

月變色青為饑與憂赤為爭與兵黃為德與喜白為旱

與喪黑爲水民多死開元占經十一

月無光臣下作亂教令不行民饑國亡開元占經十一

月無光臣下作亂教令不行民饑乾象通鑑引

正月月無光兵起人多死亡二月月無光有不測之變異事三月月無光有水災四月月無光主大旱五月月無光火災旱六月月無光六畜貴七月月無光蟲災歲凶八月月無光兵起九月月無光布帛貴十月月無光六畜貴十一月月無光魚鹽大貴十二月月無光五穀大貴若九月至十二月皆無光明年五穀大貴開元占經十一

月毀爲三四五六見天下亂將相伐主開元占經十一

月自天墜有道之國亡開元占經十一

月出地中庶民爲王公開元占經十一

月與熒惑相犯戰勝之國大將鬬而死開元占經十二

月犯辰星天下大水開元占經十二

星與月同光臣不作亂則人民非上開元占經十三又引京氏云人民非上令不行又乾象通鑑引易傳云星與月同光臣不作亂

月犯畢天下有變令開元占經十三

月中有星天下有賊星多者賊多開元占經十三又乾象通鑑引易傳云易占同

月犯熒惑天下有女主憂開元占經十四

以十五日月蝕而盡此謂毁亡其君有喪大水開元占經十七

月蝕於房天子有喪開元占經十七

月蝕於畢天下有小兵開元占經十七
君多虛飾則熒惑失道開元占經五十三
鎭星犯逆翼宿其國君臣不臣亦曰有叛謀乾象通鑑
翼主四夷外國太白失度犯之外國交侵所宿國若光芒四散奄翼星其野兵起不有殺將必有屠城乾象通鑑
客星犯翼其色青或赤白其野有改立侯王亦曰其臣不臣乾象通鑑
彗本有光芒四出不收旁及他宿光長數丈炕若火炬其國有白衣之會亦主國有大喪乾象通鑑
孛星出犯翼宿其國有自立侯王亦曰女主干政乾象通鑑
軫主冢宰輔臣也鎭星句陳之精也女主入臣之象也

鎭星犯之不循軌度其國大臣有憂亦曰女主惡之又曰有女喪乾象通鑑

周鼎星不聯屬三星相遠王者散徙失國祚子孫不昌乾象通鑑

客星犯黿星則有火災亦曰有白衣會乾象通鑑

孛星黿星其下有白衣會亦曰有兵火暴起人君惡之乾象通鑑

獄吏暴害人臣專政暴風折木御覽咎徵部

暴風折柱邑有大憂暴風折木吹草上屋且有急令獨祿風入宮人主死飄數相從入殿門有凶疾憂以此亡

飄留君門一旦一夜不去亂兵在門獨祿風者回轉風

也御覽咎徵部

雨鳴瓦任威武大臣專擅霖雨壞道尙書洪範咎徵曰

恆狂雨若御覽咎徵部

雲行如箒雲下有兵也北堂書鈔天部

雲形如烏雲下有兵北堂書鈔天部

陣雲貫月朝韓魏□□云北堂書鈔天部

天無雲雲自出且有兵出邑且有水如箒如烏其下有

兵御覽咎徵部

虹出君池若飲君井其君無後開元占經九十八御覽咎徵部

白虹在日爲喪又爲兵開元占經九十八

夫雷天拒難折衝之臣北堂書鈔天部又御覽天部引五星占云雷電殺人何雷天

拒難折衝之臣也

大霧君迷惑雲霧四起則時多隱士初學記天部　御覽天部　吳淑事類賦

春當退貪殘進柔良恤孤幼賑不足求隱士萬物應節而生隨氣而長是爲春令也藝文類聚天部　又北堂書鈔歲時部引春分退貪殘進溫良賑不足求隱逸歲時部又引春當退貪殘進柔良　又御覽時序部春當退貪吏進柔良恤孤幼賑不足求隱士萬物應節而生隨氣而長是爲春令時序部又引春常退貪殘進柔良恤孤寡賑不足求隱士則萬物應節而生隨氣而長所謂春取榆柳之火又吳淑事類賦引春常退貪殘進柔良恤孤幼賑不足求隱士則萬物應節而出隨氣而生

夏至離王去聲景風用事人君當爵有德封有功初學記歲時部　御覽時序部引易占同

立秋坤王涼風用事初學記歲時部　御覽時序部引易占云立秋坤王去涼風用事

立冬乾王不周風用事人君當興邊兵治城郭行刑決罪御覽時序部　又藝文類聚歲時部引易說云立冬乾王不周風用事人君當興邊兵治城郭行刑斷獄訟繕宮殿

冬至繕宮殿封倉庫也北堂書鈔歲時部　又御覽時序部引易說云冬至繕宮殿封倉庫

春夏寒政教急御覽時序部

正月建寅律爲太蔟□□□□招搖生聚少陽解凍其氣溫柔逆之則寒藝文類聚歲時部

山以春崩亡邑有拔城以秋崩人主惡之以夏崩人主有亡天下大水以冬崩多飢民起開元占經九十九

山崩絶輔臣亡開元占經九十九

山以二月崩其邑戰以八月崩有兵以十一月崩主降

民從而行開元占經九十九

河水溢三公黜北堂書鈔政術部

地生毛百姓勞苦開元占經四

功臣戮厥地生毛開元占經四

人生他物非人所見者皆為天下大兵宋書五行志五

人生子陰在首天下大亂在腹天下有事在背天下無

後宋書五行志五法苑珠林第二十五

人生子有二胸民謀其主御覽人事部

人生有二腹其國分御覽人事部

人生子無尻國主以仇亡御覽人事部

君用婦言則雞生妖新唐書五行志上

七月鳩化爲鷹藝文類聚鳥部

豕生人頭豕身者邑且亂亡宋書五行志五北魏靈徵志上

野獸無故自死邑中門者邑且空開元占經一百十六

龍乳人家王者爲庶人宋書五行志五

蛇見於邑不出三年有大兵國有大憂宋書五行志五

大蛇見神祠不出三年有大兵國有大憂開元占經一百二十

魚去水飛入道路者兵且作晉書五行志中宋書五行志五法苑珠林第二十四

害忠孝蟲食苗根藝文類聚災異部

海燕自來衆燕隨之穀不登失春政則蒼燕見於邑多流亡失夏政則赤燕見於邑失秋政則白燕見於邑失冬政則黑燕見於邑皆如春占御覽時序部

曰水出大臣咎開元占經一百十四

野獸無故自死邑中門者國且空開元占經一百十六

易飛候

天雨羽毛其國大飢隋書五行志上　開元占經三引天雨毛其國大風

天雨羽毛大人出亡開元占經三

天雨羽君德不通逆於天下國飢民相食開元占經三

天雨土百姓勞苦而無功是謂高社民勞苦繁於土功不安主外戚有謀開元占經三　隋書五行志下引天雨土百姓勞苦而無功

天雨骨師將破亡開元占經三

天雨膏其國有急開元占經三

天雨血流染衣其國亡君戮開元占經三　隋書五行志下引天雨血染衣國亡君戮

天雨金鐵大兵入開元占經三

天雨鐵錢其國大飢開元占經三

天雨兵其國大疾開元占經三

天雨笠國人大飢開元占經三

天雨杵其國大飢開元占經三

天雨土是大凶民人負於東西莫居其鄉開元占經三

天雨土是謂高土百姓勞苦繁於土功主國家危開元占經

三

天雨五穀其國大飢開元占經三

天雨黍爲政者去大人出死他國三年有死將開元占經三

天雨榛兵起西方開元占經三

天雨草國有殃民破亡開元占經三

君信讒臣不和天雨草木其歲民多兵死開元占經三

天雨梳其國有權臣開元占經三

天雨釜甑其國大飢開元占經三

天雨檗其君有咎開元占經三

天雨火是謂大凶民人賣其子東西莫居其鄉開元占經三

天官見師爲禍司馬必敗司馬謂兵師也開元占經三

王者不顧骨肉不親九族則天殞石開元占經三

地有訩訩若嗷嗷爲凶祥所愛子死邦有殃開元占經四

不顧骨肉不親九族厥德已衰土出光開元占經四

天不下雨而地自出泉其國大水亂從中生開元占經四

地以春動歲不昌隋書五行志下

地動以夏四月五穀不熟人大飢隋書五行志下

地動以夏五月人流亡隋書五行志下

地動以十一月者其邑飢亡隋書五行志下

地震以十一月邑有大喪及飢亡隋書五行志下

地冬動有音以十二月者其邑有行兵隋書五行志下

聞善不及茲謂不知厥異黃厥咎龍厥災不祠隋書五行志下

正月有偃月必有嘉王藝文類聚天部　御覽天部又休徵部引正月偃月國必有喜　又開元占經十一引正月有偃月必有喜

月生八日當中五日六日而中有兵在外大戰開元占經十一

船雨黑蒼雲如櫛縣蔽日月五日內雨雲如兩人提鼓持桴有黑雨四望見青白雲名曰天塞之雲開元占經九十七　又北堂書鈔天部引當有雨黑雲如羣羊奔也　又引黑氣如覆雲於日下立雨　又引當雨黑雲有如飛鳥　又御覽天部引凡候雨以晦朔弦望雲漢四塞者皆當雨東風當日雨暴有黑雲氣如船覆於月下當雨有黑雲氣如斗牛彘當雨暴有異雲如水牛不三日大雨黑雲如羣羊奔如飛鳥五日必雨雲如浮虹皆雨北斗獨有雲不五日大雨四望見青白雲名曰天塞之雲雨徵蒼黑雲細如杼軸蔽日月五日必雨雲如兩人提鼓持桴皆為暴雨　又吳淑事類賦引蒼黑雲細如杼軸蔽日月五日必雨　又引凡候雨有黑雲如羣羊奔如飛鳥五日必雨

太平之時十日一雨凡歲三十六雨此休徵時若之應初學記天部　御覽天部　又開元占經九十二引京房曰太平之時一歲三十六雨是爲休徵時若之應凡雨三日以上爲霖久雨爲霪

諸六甲日無雲一旬少雨開元占經九十二

月離畢之陰則雨離畢之陽無雨開元占經九十二

視四方常有大雲五色具其下賢人隱青雲潤澤蔽雲在西北爲舉賢良藝文類聚天部　又北堂書鈔引視四方常有大雲五色俱齊不雨　又引青雲澤□□在日西北也　初學記天部引視四方常有大雲五色其下賢人隱也青雲潤澤在西北爲舉賢良黃雲如覆車大豐也　又御覽人事部何以知賢人隱師曰視四方有大雲五色具而不雨下賢人隱也　又逸民部引以知賢人引四方常有大雲五色具而不已其下賢人隱　又吳淑事類賦引視四方常有大雲五色其下賢人隱也

有雲大如車蓋十餘此陽冰之氣必暑有暍者藝文類聚歲時部　又唐韓鄂歲華紀麗　白孔六帖卷四引有雲大如車蓋十餘此陽火之氣必暑有暍者　又御覽天部同　又疾病部引有雲大如車蓋十餘此陽滲之氣必暑有暍死也

虹凡相有五法蒼無胡虹也赤無胡者蚩尤旗也白無胡者蜺也衝不屈者天杵也直上不詘者天棓也此五虹以甲乙出東方歲若穀大賤犬食人食丙丁出南方天下大旱庚辛出東方甑釜不見邑有空戶五步六死人壬癸出北方民人相食開元占經九十八

虹以四月五月六月出西麥貴七月八月出西粟貴九月出西大小豆貴十月出西穀貴一出一倍再出再倍三出三倍四出四倍五出五倍飢民流千里十月虹出

東北者其國亡開元占經九十八　御覽天部引虹八月出西方粟貴

虹至橫至上及入又不曲正直者不出九十日民多病死不出三年大旱民流亡所照之國尤甚虹出直上行名曰章所出之處民多病而死民多瘟者不然大旱千里民多妖言所照之國尤甚開元占經九十八

溫而不雨虹出無處者下民不安之象也　溫而虹出人家屋妊婦多死家破敗開元占經九十八

夫王道之始先正夫婦夫婦正則父子親父子親則君臣忠君臣忠則化行王道之興無不以德衰無不以危天見變異以爲戒欲其覺悟故爲虹蜺之異所以譴告人君也后專夫權民苦刑殺人妖君失道故虹蜺五色

也開元占經九十八

赤虹如杵萬人死其下白虹亦然開元占經九十八

霜成就萬物北堂書鈔天部

雷雨霹靂兵陵者逆先人令爲火殺人者人君用讒言

殺正人隋書五行志上

誅過深當燠而寒隋書五行志上

秋分而人君釋鐘鼓之懸御覽天部

夏雨雪國殃必有喪司馬爲亂君死國亡開元占經一百一

夏而凍其鄉有流亡開元占經一百一

夏有遺冬人民行訴開元占經一百一

夏而大寒其國有急冬而不凍澤其鄉有疾疫開元占經一百

一冬至後十日不凍者人君令不行刑不嚴一曰緩死罪不誅開元占經一百一

甲乙日有霧疾疫丙丁日有霧旱戊己有霧鄰國有城役無軍有土功事庚辛有霧兵壬癸有霧爲水開元占經一百

一冬霧及其門一作時日懸一作疑而霧馬馳人起不雨霧土兵所起開元占經一百一

涌水無處不流殺人七日七年聖人滅開元占經一百又引宮水化爲血七日七年聖人滅

水自赤光如血其國有流血開元占經一百

水無故高山上出邑亡兵起開元占經一百

水無故市中出邑兵大作開元占經一百

泉水沸此謂賤人將貴王者不顧骨肉不親九族厥德

亡泉涌沸開元占經一百

大水至國賤人將貴隋書五行志上

月生八日北向陰國亡地月不盡八月北向陽國亡地

開元占經十一

月生八日當亢兔色上旬糴貴無則上旬糴賤不盡八

日兔色下旬糴貴無則豐而下旬賤開元占經十一

月之光如張芒炬所宿之國立君三齊所宿之國立將

軍上卿開元占經十一

月不光貴人死開元占經十一

月生無光君子徒凶開元占經十一

白雲如杵長七尺衝月所宿之國人主死杵柄中月王后死入月中王后當之月戴珥主人來疾開元占經十一

月暈參其有兵則戰無師是年三操土功事開元占經十五

孟月六日而暈月蝕仲月七日暈月蝕季月八日暈其

月蝕開元占經十七

月蝕失刑所宿之國當之開元占經十七

月當交而蝕君子道長小人道消開元占經十七

月蝕盡則有亡國不盡有失地開元占經十七

月暈蝕殃祥得其日者吉得其時者凶開元占經十七

月春蝕有憂夏蝕有兵起民無有一月糧糴貴開元占經十七

角曰疾風天下昏不出三月中兵必起隋書五行志上

羽曰疾風天下昏人大疫不然多寇盜隋書五行志下

何以知聖人隱也風清明其來長久不動搖物此有龍德在下也御覽天部

凡占雨以晦朔弦望雲氣四塞者皆雨東風則當日雨黑氣如牛彘者有暴雨黑氣如水牛者不出三日大雨黑氣如羣羊奔如飛鳥五日必雨黑雲氣如浮小人踊躍無所畏忌陰不制於陽則涌水出隋書五行志上

雹下盡樹木枝害五穀者御覽咎徵部

木再榮國有大喪隋書五行志下

木秋葉落七十步人民移徙大飛揚人民離鄉開元占經一百二十

枯楊生荑斷枯復生天辟當之開元占經一百十二

樹泣竇邑虛虛邑竇開元占經一百十二

國將易君下人不靜小人先命國凶有兵甲隋書五行志上

食祿不益聖化天視以蟲蟲無益於人而食萬物也隋書五行志上

妖言動衆者兹謂不信路無人行不出三年起兵隋書五行志上

鬼夜哭國將亡隋書五行志上

人生子足小此謂下約不出三年邦消亡開元占經一百十三

人生飛鳥茲謂不祥司馬將兵上卿亡開元占經一百十三

人生子形如飛鳥面者大水行兵戰人生飛鳥有人形者天下分開元占經一百十三

鸞見於國天下大安開元占經一百十五

鳥無故巢居君門及殿屋上邑且虛隋書五行志下

鳥鳴門闕如人音邑且亡隋書五行志下

野鳥入君室其邑虛君亡之他方隋書五行志下

雞鳴不鼓翅國有大害隋書五行志上開元占經一百十引雞不鼓翼國受大咎

雞夜鳴急令昏而鳴百姓有事人定鳴多戰夜半鳴流流血漫漫隋書五行志上

雞逐日不下樹其邑必有水憂開元占經一百十五

雀巢於木茲謂上祿必有棄職開元占經一百十六
麋入邦爲國虛開元占經一百十六
麋見於邑有臣戮開元占經一百十六
麋入市邑有憂開元占經一百十六
麋入宮都而國虛開元占經一百十六
狐入君室室不居隋書五行志上
君失春政則蒼狼入於邑君失夏政則赤狼入於邑君
失秋政則白狼入於邑君失冬政則黑狼入於邑開元占經一百
十六
狼逐家人犬者夷狄且來入君邑中開元占經一百十六
狼鳴於邑中邑且空狼伏邑中有兵開元占經一百十六

赤狼見於國不出三年必有大禍野人爲政開元占經一百十六
兔入王室其君亡隋書五行志上
野獸入邑及至朝廷若道上官府門有大害君亡隋書五行志上
野獸羣鳴邑中且空虛隋書五行志上開元占經一百十六
野獸入居室茲謂不轉德室不居開元占經一百十六
鼠無故羣居不穴眾聚者其君死隋書五行志上
鼠舞於門厥咎亡鼠舞於庭厥咎往死御覽獸部
下無巨火人不實則魚生人開元占經一百又一百二十
螻蛄集朝廷厥咎黜開元占經一百二十
蚯蚓螻蛄見軍中尤多師將罷有謀者不久地生諸蟲

將軍急去大凶開元占經一百二十

衆心不安厥妖龍鬭隋書五行志上

京氏易卷五終

京氏易卷六

漢　魏　郡　太　守　京　房　撰

庚申科舉人充　實錄館校錄候選知縣王保訓集

別對災異

地者大臣之位當載安萬民懷藏物類而動搖者此不欲爲君載安萬民動搖思欲不安思欲簒殺也開元占經四又乾象通鑑引地者大臣之位當載萬物懷藏物類今動搖者此不欲爲君載安萬民搖動不安思欲簒逆也

陰倍陽則地坼臣叛君則義廢此人君不親上下不厚致此災也不捄則骨肉相殘父子分離氐羌叛去開元占經四又乾象通鑑引陰倍陽則地岸坼臣叛君則義廢此人君不親上下致此災也不救則親戚離羌夷叛

日行房乘三道太平上道昇平中道霸世行下道矣開元

古經五 隋書天文志上引太平日行上道升平日行次道霸代日行下道

國有讒佞朝有殘臣則日無光暗冥不明易曰日中見斗日中星見明其冥也故貶之爲暮也其救也遠佞諂進忠直修經典閉私道則日光明 開元占經六

人君驕溢專明爲陰所侵則有日蝕之災不救之必有篡臣之萌其救也君懷謙虛下賢受諫位有德祿有智日蝕災消也 開元占經十 又隱公三年穀梁注引易傳云日者陽之精人君之象驕溢專明爲陰所侵則有日有食之之災不救必有篡臣之萌其救也君懷謙虛下賢受諫任德日食之災爲消也 又乾象通鑑引人君驕佚專明爲陰所侵則有日食之變不救必有篡弒之萌

日月薄赤見日中烏將軍出旌舉此不祥必亡 開元占經六

日鬭或赤或白或蒼或黃虎入邦此謂守邑破亡周君

以此亡開元占經六

數日俱出若鬬天下兵大戰開元占經六

日蝕盡無光露者亡其邑開元占經九

人君好用佞邪朝無忠臣則月失其行天有三門房星其準也其中央曰天街南二星閒而陽環其南星之下曰太陽道北二星閒而陰環其北星之上曰太陰道月行由天街則天下和平行太陽道則爲兵行太陰道則爲水開元占經十 乾象通鑑引人君好用邪佞朝無忠臣則月失行

月晝明奸邪並作專明擅君之朝開元占經十一

月若晝明者月爲臣日爲君臣以明續君黨當在其時不可與君用力含穢以舒刑今晝明者奸邪並作專明

擅君之朝不救則失其行而毀矣其救也出退强臣斷讒佞近直臣親賢良則月得其行不可專明矣開元占經十一

占月三暈畢天下中外俱赦開元占經十五

月蝕者人君行適過時專受所致也不救則致水災壞城開元占經十七　又乾象通鑑引月蝕者人君行適過時專受所制不救則水患壞城

人君不行仁恩破胎傷孕春殺無辜則歲星失度御覽天部　又咎徵部引五星占云歲星失度何人君不仁春殺無辜則歲星失度其救也慈仁敬讓廣恩惠施無犯四時則歲星承度　又開元占經二十九引京氏云人君不行仁義破胎傷孕春殺無辜則歲星失度不救則弟殺兄臣殺君

熒惑作變爲華州人君之禍也出於東骨肉欲簒近北邊國謀入於西則兵大起蠻貊戰入斗則大臣叛徑東

西萬民病不救之則致日食既下謀上其救也設立政事正圖書修經術改惡爲善也則國家安矣開元占經三十

人君內無仁義外多華飾則辰星失度不救必有逆主之謀其救也明刑愼罰審法必中無縱繕治城郭可以聘士來賢廣恩行惠則災消矣開元占經五十八又御覽咎徵部引五星占云辰星失度何人君內無仁義外多華飾則辰星失度其救也明刑愼罰審法必中

人君薄恩無義懦弱不勝任則太白失度經天則變不救則四邊太動蠻夷侵也開元占經四十六

迴風起何風者天之號令也當直而正並而不偏佞人衆君迷惑則迴風起不救則至逆風起其救也用公直黜邪枉此災消矣御覽咎徵部

狂風發何人君政教無法爲下所逆則致狂風發泄其救也修政教聽賢士風消矣 御覽咎徵部

人君擅私恩恣意重情不與臣下同謀卽致偏雨夜墮也不救致苦雨降萬民愁潦水絕道其救也與公道無私黨此災消矣 御覽咎徵部

無雲暴雨何人君封拜無功進無德則致不雲而雨暴過惡暴揚誅及無罪密雲而不雨其救也誅彊卹弱信及兆民雲雨時也 御覽咎徵部

虹霓貫日客殺主專君位大臣秉樞不救之則兵至宮殿戰 開元占經九十八

虹霓近日則姦臣謀貫日則客伐主其救也釋安樂誠

非常正股肱入賢良御覽咎徵部開元占經九十八

雷鳴連而不絕者何夫雷鳴萬里今鳴不絕此謂人君行政事民不恐懼也故致洊雷之災雷當先電而鳴雷今與電俱出或鳴而後電何此謂執法者貪苛致災也御覽咎徵部　又開元占經一百二引雷鳴連而不絕者此謂人君政事無常不恐懼　又雷電俱出或先鳴而後電者此謂執法貪苛

久旱何人君无施澤惠利於下人則旱不救蝗蟲害殺人君亢陽暴虐興師動眾下人悲怨陽氣盛陰氣沈故旱萬物枯死數有火災此金失其性若夏大旱則雩祠之以素車白馬布衣以身爲牲或云誅讒佞之臣於市則三日之內雨降於天矣御覽咎徵部

久旱何曰人君無施澤惠利於下則至旱也不救則蝗蟲害穀其救也宥謫罰行寬大惠兆民勞功吏賜鰥寡稟不足藝文類聚災異部　又後漢書劉昭補注引易占同

山者三公之位台輔之德也乃興雲出雨漫溉萬物助天成功今崩者此謂大臣懷叛不忠也開元占經九十九

河水赤者獄有冤恨誅殺不當則致河水赤也其救也正獄刑解疑罪開元占經一百

江河沸者有聲無實此謂執政者懷姦不公衆邪並聚則致此災不救必有叛君謀其救也令百官舉公直選有德置於政開元占經一百

井水沸者謂人君好用讒邪所致也開元占經一百

水中火出何所謂陰氣溢亡陽施也女妃無陽則敵氣溢至水中火出不救有天殃陰害陽其救也正妃妾卒後宮施命令誥四方嫁貞女賜鰥寡此災即消開元占經一百

五穀無實何君無仁德臣懷叛戾華飾虛舉薦賢名實不相副內爲蘇秦之行外似夷齊之行故致五穀多無實朝廷無賢害氣傷穡不收國大饑其救也選明經舉茂才改往修來退去貪狠施恩行惠賞賜勞臣此災消矣御覽咎徵部

人君斥賢任佞衆讒在朝而鼠羣行倉五穀開元占經一百

天生萬物百穀以給民用天地之性人爲貴今蝗蟲四起此謂國多邪人朝無忠臣蟲與民爭食居位食祿如

蟲矣不救致兵起其救也舉有道置於位命試諸明經此災消也 續漢書五行志三注補引易占

雷以十一月起黃鍾二月大聲八月闔藏此以春夏殺無辜不須冬刑致災蟄蟲出行不救之則冬溫風以其來年疾病其救也恤幼孤振不足議獄刑貰讁罰災則消矣 後漢書劉昭補注

君賢臣職五穀豐滋 北堂書鈔歲時部

易說

日者至陽之精象君德立黃照耀五色 御覽休徵部

下侵上則日蝕 開元占經九

月與星至陰也有形無光日照之乃有光喻如鏡照日

卽有影見月初光見四方望已後光見東皆日所照也御覽天部

春有白鶴雲御覽時序部

立夏清明風至而暑鶴鳴博谷飛電見龍升天龍心星名御覽時序部

夏至離王去聲景風用事人君當爵有德封有功初學記歲時部御覽時序部引易占同

坤西南也主立秋御覽時序部

立秋坤王涼風用事初學記歲時部御覽時序部引易占云立秋坤王去涼風用事

秋分閶闔風至雷始收聲鷙鳥擊玄鳥歸御覽時序部

兌西方也主秋分御覽時序部

立冬乾王不周風用事人君當興邊兵治城郭行刑斷獄訟繕宮殿藝文類聚歲時部　又御覽時序部引易妖占云立冬乾王不周風用事人君當興邊兵治城郭行刑決罪

冬至坎王廣莫風用事人君決大刑斷獄訟繕宮殿御覽時序部

坎北方也主冬至御覽時序部

冬至繕宮殿封倉庫御覽時序部　又北堂書鈔歲時部引易妖占云冬至繕宮殿封倉庫也

臣動養君其義理也必望利下弗養道厥妖國有被髮於野祭者御覽禮儀部引五經異義引京易

五星占

五穀俱傷君無德也　北堂書鈔治道部　御覽百穀部

雷電殺人何雷天拒難折衝之臣也君承用節度卽雷以節暴人威福則雷電殺人　御覽天部　又開元占經一百二引　吳淑事類賦人君承用節度卽雷風以節暴行威福則雷霆擊人其救也議獄緩死則災消矣　又北堂書鈔引易飛候云夬雷拒難折衝之臣

歲星失度何人君不仁春殺無辜則歲星失度其救也慈明敬讓廣恩惠施無犯四時則歲星承度熒惑失度何人君內無法紀輕薄房室外行慢易斂奪民財則熒惑失度其救也爵賢位德養幼廩孤命樂師趣鞉鼓合歡欣熒惑還度天心得矣太白失度何人君薄恩無義懦弱不勝任則太白失度其救也舉有義任威用武則

太白復兵氣消矣塡星失度何人君內無仁義外多華飾則鎭星失度其救也治社稷修明堂近方直之人此災自消也辰星失度何人君內無仁義外多華飾則辰星失度其救也明刑慎罰審法必中御覽咎徵部　又天部引對災異云人君不行仁恩破胎傷孕春殺無辜則歲星失度又開元占經二十九引京氏云人君不行仁義破胎傷孕又春殺無辜則歲星失度不救則弟殺兄臣殺君又二十八引京氏云人君不仁傷胎孕殺無辜則歲星失度星隕如雨不救弟殺兄臣弒君其救也內慈仁敬讓外廣恩施惠無犯四時歲星承度隕星上復列宿又三十五引京氏云人君無禮法輕薄房室外行慢易過下不理賦斂奪民時則熒惑失度則救也追功錄爵位賢德養幼孤廩鰥則熒惑失度天心得矣又五十三引對災異云人君內無仁義外多華飾則辰星失度不救必有逆主之謀其救也明刑慎罰審法必中無縱繕治城郭可以聘士來賢廣恩行惠則災消矣又三十八引京氏云人君內無仁義外多華飾則塡星失度東西叛逆不救必憂霜雪其救也治社稷明堂近方直親厚

重之人災消矣

風角要占

妖星皆見於月旁互有五色方雲以五寅日見各有五星所生云　天槍　天根　天荆　眞若　天猿　天樓　天垣　皆歲星所生也見以甲寅其星咸有兩青方在其旁　天陰　晉若　官張　天惑　天雀　赤若　蚩尤　皆熒惑之所生也出在景寅日有兩赤方在其旁　天上　天伐　從星　天樞　天翟　天沸　荆彗　皆塡星所生也出在戊寅日有兩黃方在其旁　若星　帚星　若彗　竹彗　牆星　榬星　白雚　皆太白之所生也出在庚寅日有兩白方在其旁

天美　天毚　天杜　天麻　天林　天高　端下
皆辰星之所生也出以壬寅日有兩黑方在其旁
三十五星五行氣所生皆出於月左右方氣之中各以
其所生星將出不出日數期候之當其未出之前而見
見則水旱兵喪饑亂所指亡國失地王死破軍殺將晉書
天文志中　隋書天文志中引妖星皆見於月旁互有
五色方雲以五寅日見各有五星所生云　天槍星生
箕宿中　天根星生尾宿中　天荆星生心宿中　眞
若星生房宿中　天榬星生氐宿中　天樓星生亢宿
中　天垣星生左角宿中　皆歲星所生也見以甲寅
其星咸有兩靑方在其旁　天陰星生軫宿中　晉若
星生翼宿中　官張星生張宿中　天惑星生星宿中
天雀星生柳宿中　赤若星生鬼宿中　蚩尤星生
井宿中　皆熒惑之所生也出在景寅日有兩赤方在
其旁　天上　天伐　從星　天樞　天翟　天沸
荆彗　皆塡星所生也出在戊寅日有兩黃方在其旁
若星生參宿中　帚星生觜宿中　若彗星生畢宿

中　竹彗星生昴宿中　牆星生胃宿中　欃星生婁宿中　白雚星生奎宿中　皆太白之所生也出在庚寅日有兩白方在其旁　天美星生壁宿中　天毚星生室宿中　天杜星生危宿中　天麻星生虛宿中　天林星生女宿中　天高星生牛宿中　端下星生斗宿中　皆辰星之所生也出以壬寅日有兩黑方在其旁　已前三十五星卽五行氣所生皆出於月左右所指亡國失地王死破軍殺將

春甲寅風起中上來爲大赦在六十日應也（初學記政理部）

冬至日丁巳日有風從巳上來有大赦（初學記政理部）

徵動羽有雹霜（初學記天部　御覽天部引徵動兩其雹霜）

風清明高不及地二三尺者此下有聖人或清明其來久長而不動搖樹木拔葉此龍德在其下（御覽休徵部）

長居官辟盜法七月以生鼠九置於籠中埋中子地稱九百斤土覆坎深各二尺五寸築之令堅固（御覽獸部）

朝雨法有黑雲如一匹帛二日中卽一日大雨二匹二日雨三匹十日雨初學記天部　御覽天部引候雨法有黑雲如一匹帛向日中卽日大雨二匹爲二日大雨三匹爲三日大雨

候赦法冬至後盡丁巳之日有風從巳上來滿三日以上必有大赦御覽時序部

京氏易卷十八終

# 京氏易卷七

漢　魏　郡　太　守　京　房　撰

庚申科舉人充　實錄館校錄候選知縣王保訓集

## 外傳

天雨血國君被弑亦曰下有叛臣乾象通鑑

火失其性則有草妖乾象通鑑又御覽咎徵部引易傳云火失其性則草妖

火失其性厥祆天赤雨草其國有陰謀大臣天雨枯草色黃其下有兵火亦曰有急兵乾象通鑑

歲將不登則天爲之雨穀天雨五穀其下有餓莩乾象通鑑

天非時降雪迫陽也雪降非時亦臣迫君之象也乾象通鑑

臣專刑茲謂分威蒙微而日不得明乾象通鑑又漢書五行志下晉書

五行志下引易傳云下專刑茲謂分威蒙而日不明

日出有外黃霧帳天抵暮不解者人主失柄亦曰國失政天陰連日不解無雲日赤光是謂晝昏占與日薄日蝕同亦曰皇之不極厥罰將陰故日晝昏占曰有簒弑之謀乾象通鑑

日出如火是謂失色占曰日失本色則王者惡之亦曰兵喪乾象通鑑

月逆行失道不循常則國多陰憂行疾則其殃速行遲則其禍緩乾象通鑑

太白經天逆入紫微留之久而不去去則竟天下不有亡國大臣宣布德化變理陰陽天下治安失常則大臣

侵人君權亦曰君弱臣强乾象通鑑
熒惑犯北斗魁則宰相以罪下獄一曰貴臣辱乾象通鑑
熒惑犯北斗則天下起兵一曰有急兵乾象通鑑
彗孛干犯三師星光芒灹若火炬則三公被黜亦曰三
公有咎必有死君一曰天下更王乾象通鑑
辰星明大有芒角其國遠期一年其野有死君若光芒
四出犯中坐一曰國祚將亡乾象通鑑
星孛入轂則國用匱乏軍儲不繼盜賊據郡縣掠民財
良民受禍乾象通鑑
流星干犯內階則臣下侵權亦曰大臣不受制於人君
又曰臣逼君乾象通鑑

三師星微明黃潤爲常明大有怒角則爲失常星守常
則北斗傍有黑氣狀如禽獸大如布席不出三日必雨
不然有虜人入塞乾象通鑑
星孛天棓則百姓將亂一曰國祚將傾乾象通鑑
星孛天廚則五穀不熟斗米萬錢民不粒食乾象通鑑
白虹貫月犯太微庭則天子無出宮亦曰宮中有匿謀
乾象通鑑
太白經天逆入太微垣留守二十日以上復成句己不
有亡國必有死君乾象通鑑
彗星入太微垣干犯三公宰臣外指上相上將則輔臣
大凶亦曰有逐相彗星出太微中對帝座王者惡之占

曰彗除舊賓新又曰爲兵喪不有亡國必有死君（乾象通鑑）
星孛直抵太微垣左右執法芒角炕若火餤隱有聲則執法者受戮星孛抵上次相則大臣逐遠方抵觸上次將則大將軍以叛不成見誅連家坐罪（乾象通鑑）
流星抵太微宮天子大亂若有奇令（乾象通鑑）
流星抵太微左右執法星則廷尉將命達於四方平理冤獄星流觸上相則姦謀陷大臣流星觸上將則有刺殺將軍亦曰姦寇入營（乾象通鑑）
五帝座中央黃帝星數動搖則人主好出遊色青微者皆凶（乾象通鑑）
客星出四角乍東乍西乍南乍北光芒射帝座不見留

舍十日已上不去者其國君暴死亦曰人君受禍乾象通鑑

太白出角逆行守太子星則後宮有異謀一曰東宮受禍乾象通鑑

歲星逆犯太子星則君儲廢立一曰東宮有憂乾象通鑑

客星變色直抵觸太子星東宮有暴兵一曰客星入太微與太子星抵觸者則其野將棄祀乾象通鑑

太白逆行失度光芒四角射九卿雲則上卿有以兵叛人君者一曰天子失侍臣心乾象通鑑

若流星出抵天市東西垣奄垣星不見各以其所奄星命其國殃流星掩垣則大臣受辱一曰諸侯有坐法者乾象通鑑

流星起自天市中星流出天市入濁則天子將賜大赦

一曰德澤及外國乾象通鑑

彗孛出天市光芒炬垣外則天子自將兵一曰天子親

戎服以伐諸侯乾象通鑑

宦者星光浮而動搖移徙不止者內侍有匿謀宮中大

亂一曰宮中有外寇侍臣以事坐誅乾象通鑑

左右角二星相迫是謂天門閉主天子淫荒施政天下

不治一曰天門閉國政廢乾象通鑑

日蝕角人主不安角天廷也日有蝕之故人君不安宮

廷乾象通鑑

左右角有青暈內赤黃及再重者其國進女樂者中有

黑氣奄覆人君荒淫不親政事乾象通鑑
月暈左右角色白者天子自將兵一曰有內亂色黃者其國有喜慶事乾象通鑑
月犯右角奄星不見則賢臣謀姦佞在君側若犯左角奄星不見則忠臣受戮政事急下民勞怨一曰國祚將亡則月奄左右角星俱不見乾象通鑑
日暈在亢旁有兩珥上有黃寇其國納士者乾象通鑑
日暈在氐中有青白氣奄覆者其國有革政日暈一重至九重及中有黑氣者有易王乾象通鑑
日在房暈中有靑白氣外有黑氣相摩旁有白氣如帶相縈者其國昏亂無君亦曰失國祚乾象通鑑

日蝕心京師見四方不見主天子有內憂一曰廊廟有兵廢日蝕心四方見京師不見主邊臣有叛謀以其宿命國乾象通鑑

日在箕蝕京師見四方不見主後宮有憂一曰兵起天子廷日在箕蝕四方見京師不見其主殃在人主故曰人臣內弱故在人臣乾象通鑑

日在南斗蝕四方見京師不見其咎在臣故曰吳地有急兵乾象通鑑

月行側逆入牽牛抵中央大星者其國棄祀與戎亦曰大人有憂乾象通鑑

日蝕在虛京師見四方不見其殃在人君亦曰有哭泣

事日蝕在虛四方見京師不見其咎在臣下主大臣有匿謀以事坐法乾象通鑑

日暈虛日中有黑子旁有黑雲氣者其國宗廟移徙社稷不安主弱臣强天下亂乾象通鑑

月在營室蝕不在望其國有廢嫡立庶之事亦曰有內亂乾象通鑑

客星入營室中有刺客入國境亦曰臣下通外奸守之久而不下者大人惡之乾象通鑑

鎭星入抵東壁其下有土功事亦曰歲旱民飢又曰鎭星入東壁太南爲歲大旱鎭星入東壁太北爲歲大水乾象通鑑

日蝕奎三公與諸侯相賊又曰三公失國不旱且水乾象通鑑

日在婁蝕旁有黑氣往來摩日者其野將受君賞餘色俱主兵起乾象通鑑

月失行抵犯觜觽其國有暴兵起亦曰有內亂又曰後宮有兵變乾象通鑑

月失行抵犯太白其國有兵起乾象通鑑

日在柳蝕甲乙日其國有自主諸侯亦主人臣有逆謀日在柳蝕丙丁日其野有飛蝗傷不稼日在柳蝕戊己日其分有兵謀謀志不成日在柳蝕庚辛日天子自將兵其野以兵失地日在柳蝕壬癸日其分有風雨破毀

屋舍傷禾稼糴貴乾象通鑑

月在柳甲乙日蝕則旱霜殺草木月在柳丙丁日蝕則風雨折木毀屋月在柳戊己日蝕則其國水荒月在柳庚辛日蝕其國破軍殺將月在柳壬癸日蝕其國有女喪亦主大水乾象通鑑

月暈柳在甲乙日所宿國民多疾疫月暈柳在丙丁日所宿國多火災月暈柳在戊己日其野歲豐月暈柳在庚辛日其國有赦亦主兵外至月暈柳在壬癸日其野多雨水乾象通鑑

月犯柳其分有兵喪亦主女喪月犯柳則雨霪毀懷山谷乾象通鑑

歲星經柳干犯經六十日已上則其國君增秩益土見不失本色則吉歲星逆犯柳宿其野有風雨災傷禾稼乾象通鑑

熒惑守柳既去而復居之其宿國君死熒惑犯柳成句已其國多旱逆度則大雨傷稼糴貴乾象通鑑

太白經天守柳其國有死君亦主大兵喪若晝見守柳其野失城邑一曰破軍殺將若留舍有芒角去而復居之是謂反至不有破軍必有屠城乾象通鑑

客星入柳中三日不出入君當之及七日不去其野有兵火乘之及二十日至四十九日王者惡之其地與諸侯相攻先舉者勝若乘之及百日不救則必有死君乾象

通鑑

彗星出柳星不出本度其國歲不登糴貴亦曰有兵喪乾象通鑑

孛星出柳則天廚有兵起一曰有進毒在飲饍閒若有光芒及他度則其野亦有殃若不本度受禍尤甚乾象通鑑

使星出柳南走北不出本度其國有赦令從柳北走南其國有濫刑古今注曰使星乃流星也故星傳曰流星爲貴使星大者使大星小者使小星乾象通鑑

蒼白氣環繞柳中其野有能將若白氣未滅復有赤色縈紆則其國兵火至近期六日遠期百日乾象通鑑

孛星出張宿其野有盜賊起亦曰內有兵變乾象通鑑

流星抵張若芒從外至其國有天子使因兵至光芒從內出天子有使出因兵遣乾象通鑑

翼爲樂府之宿亦主俳倡石中言明大則吉然則明大謂黃潤而明不失本色則吉若明大有芒角乍東乍西乍南乍北光芒不定者其國君淫女樂亦曰有進俳倡入宮中者乾象通鑑

七星主衣服文繡黃潤而明無芒刃角靜而不動則衣服不貳從容有常有芒角或動而明大則臣有僭上之服亦主陰謀若星直而均大則天下諒陰乾象通鑑

日蝕七星色青赤主有兵火蒼白其國有急兵色黑有死將日蝕七星則天都有亂兵起甲乙日蝕七星其國

有衣服之僭亦主人君之喪丙丁日蝕七星其野有盜賊自內起戊己日蝕七星則賢路塞庚辛日蝕七星有白衣之會壬癸日蝕七星則暴兵至乾象通鑑

月蝕七星不歷軒轅則禍輕蝕犯軒轅則女主惡之亦曰天子衛兵變乾象通鑑

日暈七星有白虹貫之其野有兵喪亦曰王者惡之乾象通鑑

歲星逆犯七星有芒角則國不用賢小人在位乾象通鑑

熒惑乘凌七星或句已者其國有火災亦曰宮中有火災若芒角乍明乍滅者其分憂兵若芒角色青不定其兵野有戰主血流地上若芒角色白乍明乍滅者其國有

大兵起若色赤則憂火災色黑則天都有大水至亦主有女喪色黃則有赦令乾象通鑑

鎮星失本色逆行失度犯七星則天都有兵火若有芒角守之其野賢人犯法而死亦曰賢者死非命若芒角乍明乍滅其國有女喪乾象通鑑

鎮星出入留舍七星居之又去去之復來居之及環成句已者其國憂兵火亦主盜賊四起及急兵事乾象通鑑

太白經天犯七星居軒轅環繞復居七星其分有白衣會亦主兵喪乾象通鑑

辰星乘凌而入七星魁中則後宮有火若出守下三星則其分憂水傷禾稼乾象通鑑

客星入七星天都起暴兵亦曰有兵大戰若色赤則憂
火災色白憂兵起色青憂大臣有謀色黃則憂土功有
變色色黑則憂諸侯更立（乾象通鑑）
張主賞賚明潤色黃星不支離則王者信賞必罰明有
芒角則天下賞罰濫冒星暗不見則王者失賞柄星不
聯屬則諸侯擅賞罰（乾象通鑑）
歲星經天犯張宿及有芒角光明侵奄張星其分有諸
侯革命改宗廟易社稷（乾象通鑑）
熒惑犯翼宿光芒四出失度失色其國喪地亦主流徙
人民及糴貴（乾象通鑑）
鎮星犯翼環繞成句已有芒角失常居之五十日者其

國有兵主國大戰流血乾象通鑑

太白失行逆犯翼宿其國受禍居之二十日有大喪乾象通鑑

彗星犯翼芒角干他星所宿國失主權亦曰國君惡之乾象通鑑

孛星干犯翼乘之不滅者其野有四夷不賓之變亦主臣下失職臣不臣之乾象通鑑

軫星不明則期三日大風軫與轄並明則國有同姓叛謀亦曰左轄與軫並明則同姓有叛謀右轄與軫並明則異姓有叛謀乾象通鑑

月犯軫左轄同姓有憂犯右轄異姓受禍掩星不見者

其野侯王有災乾象通鑑

星孛犯平道星中天衢有火災若星孛平道則天衢有兵起乾象通鑑

星孛平道中則天子潛行亦曰天王者親道路乾象通鑑

客星守犯軫宿芒角四出侵星不明其野有憂兵火亦主流亡人民乾象通鑑

頓頑星坼天下濫刑冤加良善亦曰天下有冤獄星亡則貴人受辱乾象通鑑

他星入亢池星及星疎坼則有王者有水憂乾象通鑑

西咸星亡則人主有憂東咸俱亡則朝廷危宗社不安

東咸移徙抵星中星天子惡之一曰有兵喪西咸入移

抵房星則王者政令不行人主有憂乾象通鑑

星孛糠星則斗米萬錢民飢糟糠乾象通鑑

鼈十四星星坼則爲白衣會星亡則主兵起星移徙不聯屬則陷城邑乾象通鑑

瓠瓜旁五星曰敗瓜明潤則果實熟明大有芒角則后宮有憂亦曰美女相忌乾象通鑑

敗瓜中有客星若芒角則后族干權乾象通鑑

星孛敗瓜有光芒角及尋丈奄星不見則后妃有憂亦曰女主有喪乾象通鑑

參旗腳入玉井則天下用兵留十日以上天下以兵變失國一曰其國更王乾象通鑑

日蝕東井君臣暴虐臣下橫恣上下相賊後有地震乾象

通鑑

辰星入東井其分水衡之官以失職被逐又曰水官廢乾象

通鑑

客星破東井鉞星其分有急兵起亦曰無兵兵起又曰爲水患乾象通鑑引

星經外傳

京氏易卷七終

京氏易卷八

漢　魏　郡　太　守　京　房　撰

庚申科舉人充　實錄館校錄候選知縣王保訓集

災異後序

天雨血其下有屠城亦曰破軍殺將人主惡之乾象通鑑君無德天匪輔厥妖天雨肉國將易其君亦曰國事不承天雨土百姓苦此亦下民怨謗有勞苦之歎乾象通鑑冬雨大雹則國亡有亡國必有走君亦曰人君惡之秋雨大雹盈數尺則女主有憂乾象通鑑火失其性孽災宮室是謂天火發甲乙日則期千日有內變火起丙丁期一年有大喪火起庚辛二百日有兵

起火起壬癸日期一百日朝廷有憂乾象通鑑

人君曲法害民賦斂不已下民不親人君人君不睦九族故天雨螽亦曰天雨螽其下人君惡之乾象通鑑

天雨灰四塞若黃塵雨盈數寸者內有蕭牆之變乾象通鑑

天雨錢其下民人多爭亦曰人臣爭權乾象通鑑

星孛干犯天庭則天子有憂色赤黃則天子出奇令色青黃則天下大變連禍不已百姓塗炭橫死遍地白骨藉藉乾象通鑑

彗出北辰芒角抵端門則天子自將兵兵謀及天子一曰王者有兵憂乾象通鑑

月蝕柳在五度已上則大水五穀不熟民有餓色乾象通鑑

月在珥而暈在柳者則天子當之庖廚慎飮食亦主有進毒食乾象通鑑

太白晝見在柳與日爭明是謂陰乘陽其國君不勝臣臣下有叛中有芒角則謀成無芒角則謀不成乾象通鑑

孛星出柳光芒及丈餘食頃滅其分有兵火暴起柳分屬三河周分星孛於柳周分受光芒及他宿則周不受禍乾象通鑑

日暈在七星七重則人君廢賢能進邪佞治道衰微紀綱敗毀暈有黑雲氣掩覆則王道陵遲小人在位乾象通鑑

月蝕七星色靑則衣裳尙侈色赤則其國飢人死於道色白則天下大喪色黃則天都有土功色黑則主大水

及急兵盜賊起乾象通鑑

月犯七星則天都有兵變犯至五寸者尤甚望犯七星則君惡之乾象通鑑

歲星逆犯守七星及六十日已上者其國喪若順度及六十日其國有立諸侯乾象通鑑

太白留舍出入不定環繞成句已及芒角不靜是謂逆犯太白逆犯七星天都有兵火亦曰有急兵舉乾象通鑑

辰星守七星其野有兵若順度軌守之其國橋梁不通若有芒角不定則姦臣有陰謀乾象通鑑

客星有芒角射七星暗則臣下有叛志若芒角乍東乍西乍南乍北其分有暴兵起亦曰有兵兵止無兵兵起

乾象通鑑

彗本大者裀大彗光遠者禍長然彗犯七星及丈餘不滅經七日其國災輕經二十日者災重不盈尺者尤淺乾象通鑑

孛星在七星光芒四出來而復去既去復來其下有拔城乾象通鑑

流星抵犯七星王者遣使出疆亦曰其野有兵喪乾象通鑑

日暈張及三重已上多青赤黑氣相摩者其野白衣會及五重內白外青黃旁無雲氣者其野賢人受辱亦曰府庫憂火乾象通鑑

月犯張天廚有火災行陽道犯之深者其國臣下有叛

謀行陰道犯之深者其野臣竊刑賞權乾象通鑑

熒惑逆犯張宿色青則其野革禮樂失刑賞色白則其分有兵喪色黃則其國宗廟興土功色赤則其野失寶玉色黑則其國君不節儉有飲食之侈乾象通鑑

鎮星失度失行居張百日不去是謂改常鎮星改常王者尚奢侈臣下酷法虐民乾象通鑑

客星乘張宗廟更亦曰人主憂社稷若犯之不去及百日其下有自立諸侯亦曰女主干政乾象通鑑

彗本大光芒長者禍重彗本小光芒短者禍輕若彗出芒角長及丈餘犯張其國受兵若彗出光芒及長二丈犯張其野更立諸侯彗本出光芒長及三丈至五丈其

野諸侯自相侵伐若彗出光芒竟天其國王者革命宗
廟更改乾象通鑑
彗見除舊賓新彗出芒刃指犯張宿其野更改宗廟亦
曰臣下有凌上謀乾象通鑑
日蝕翼宿甲乙日則其國進倡女入宮中蝕翼在丙丁
日則其國人君淫湎酒色禮樂隳壞在戊己日則其國
有侵伐之憂在庚辛日則其國君自起兵破軍殺將在
壬癸日其野君不修文德遠人不服乾象通鑑
日暈翼七重至九重內黃白赤外青蒼黑者其野有更
王亦曰諸侯不受制乾象通鑑
月犯翼中從西第二距極星若之不見其國后妃有憂

亦曰臣下有憂 乾象通鑑

歲星經天犯翼宿不制夷狄遠人負固不服 乾象通鑑

客星乘凌守翼其野有兵火亦主四夷不賓中國石申言翼主四夷遠客及濱海之賓者謂此 乾象通鑑

流星抵翼其國有兵火民饑 乾象通鑑

日食軫左轄則同姓有憂左右轄則異姓有陰謀 乾象通鑑

日暈三重周匝在軫旁有黑氣上有冠氣乘之者其國同姓有叛謀亦曰人臣竊主柄 乾象通鑑

日蝕軫宿至曙不盈者不救則大者受禍其救也人君修德以禳之減常膳正殿進賢退不肖雖蝕不為災 乾象通鑑

月暈純白不及他色中有黑氣掩月其野有大喪亦曰國兵大起亦主天子自將兵乾象通鑑

歲星不循軌度失色犯軫是謂變常歲星變常犯軫居之不去去而復來其分有革命侯王亦曰臣下不受制於天子乾象通鑑

歲星失度失行守軫宿其野冢宰失職亦曰人君有憂乾象通鑑

客星乘犯軫宿其野有兵起及臣下失職乾象通鑑

星軫孛於軫其野有憂驚亦主女人干時政若孛於軫左轄主異姓之親愛竊權若光芒勝軫親死於寵衰乾象通鑑

流星出周鼎光芒炋若火炬者其外夷有使入國亦曰外國有兵侵邊境乾象通鑑

流星觸犯敗瓜星則女主惡之亦曰後宮災乾象通鑑

有黑氣如龍虎形犯敗瓜則后族干政以事敗乾象通鑑

周易集林

占天雨否外封得陰爲雨得陽不雨其爻發變得坎爲雨得離不雨巽化爲坎先風後雨坎化爲巽先雨後風御覽天部初學記天部引雜占

坤土也初學記歲時部

蟻封穴戶大雨將至御覽天部引東觀漢記周易林占繇文選注引東觀漢記周易卦林占繇云蟻封穴戶大雨將集

震主庚子午巽主辛丑未坎主戊寅申離主己卯酉艮主丙辰戌兌主丁巳亥注未屬巽月令正義

易逆刺

天雨穀歲大熟藝文類聚百穀部　御覽時序部百穀部　北堂書鈔歲時部引易占

天雨金歲大熟北堂書鈔時序部引易占　御覽器物部引天雨金甑歲一熟

律術

六十律相生之法以上生下皆三生二以下生上皆三生四陽下生陰陰上生陽終於中呂而十二律畢矣中呂上生執始執始下生去滅上下相生終於南事六十律畢矣夫十二律之變至於六十猶八卦之變至於六十四也宓犧作易紀陽氣之初以爲律法建日冬至之

聲以黃鍾爲宮太蔟爲商姑洗爲角林鍾爲徵南呂爲羽應鍾爲變宮蕤賓爲變徵此聲氣之元五音之正也故各終一日其餘以次運行當日者各自爲宮而商徵以類從焉禮運篇曰五聲六律十二管還相爲宮此之謂也以六十律分期之日黃鍾自冬至始及冬至而復陰陽寒燠風雨之占生焉於以檢攝羣音考其高下苟非草木之聲則無不有所合虞書曰律和聲此之謂也

後漢書律麻志一

律難以度調故作準以代之準之狀如瑟長丈而十三弦隱閒九尺中共一弦下畫分寸均中其弦使應黃鍾之聲然按分寸以求諸律則皆如畫而應矣然至上古

有鍾其次有律近古有準皆稍簡易之意其相生也黃鍾下生林鍾林鍾上生太蔟太蔟下生南呂南呂上生姑洗姑洗下生應鍾應鍾上生蕤賓蕤賓下生大呂大呂上生夷則夷則下生夾鍾夾鍾上生無射無射下生中呂中呂上生黃鍾上下相生終六十執使以下四十八律又多不載孟春之月則太蔟為宮姑洗為商蕤賓為角南呂為徵應鍾為羽大呂為變宮夷則為變徵它月效此也御覽時序部

竹聲不可以度調故作準以定數準之狀如瑟長丈而十三弦隱間九尺以應黃鍾之律九寸中央一弦下有畫分寸以為六十律清濁之節後漢書律厤志一　又御覽時序部引準竹聲

不可以度調故作準以定數準之狀如瑟長一丈而十三弦隱間九尺以應黃鍾之律九寸中央一弦下有畫分寸以爲六十律清濁之節矣

至治之世天地之氣合以生風天地之風氣定十二律

御覽時序部

夫五音生於本姓分爲十二律轉生六十律皆所以紀斗氣效物類也天效以影地效以響卽律也陰陽和則影至以律氣應則灰除是故天子常以冬夏至御前殿合八能之士陳八音聽樂韻度晷影候鍾律權土灰校陰陽冬至陽氣應則韻清影長極黃鍾通土灰輕而衡仰夏至陰氣應則韻濁影短極蕤賓通土灰重而衡低進退於先後五日之中八音能各以候狀聞太史合

封上效則和否則占候氣之法爲室三重戶閉塗亹必周密布緹幔室中以木爲案每律各一內卑外高從其方位加律以葭莩灰抑其內端案厤而候之氣至者灰去其爲氣所動者灰散風所動者其灰聚殿中候用玉律十二唯二至乃候靈臺用竹律六十御覽時序部

又凡律度量衡用銅銅爲物也精不爲燥溼寒暑變其節不爲風雨曝露改其形介然常似於君子之形是以用銅也用竹爲引者事之宜也御覽時序部

京氏易卷八終

# 心一堂術數古籍整理叢刊

| | | |
|---|---|---|
| 全本校註增刪卜易 | 【清】野鶴老人 | 李凡丁（鼎升）校註 |
| 紫微斗數捷覽（明刊孤本）附點校本 | 傳【宋】陳希夷 | 馮一、心一堂術數古籍整理小組點校 |
| 紫微斗數全書古訣辨正 | 傳【宋】陳希夷 | 潘國森辨正 |
| 應天歌（修訂版）附格物至言 | 【宋】郭程撰　傳 | 莊圓整理 |
| 壬竅 | 【清】無無野人小蘇郎逸 | 劉浩君校訂 |
| 奇門祕覈（臺藏本） | 【元】佚名 | 李鏘濤、鄭同校訂 |
| 臨穴指南選註 | 【清】章仲山　原著 | 梁國誠選註 |
| 皇極經世真詮—國運與世運 | 【宋】邵雍　原著 | 李光浦 |

# 心一堂當代術數文庫

| | |
|---|---|
| 增刪卜易之六爻古今分析 | 愚人 |
| 命理學教材（第一級） | 段子昱 |
| 命理學教材 之 五行論命口訣 | 段子昱 |
| 斗數詳批蔣介石 | 潘國森 |
| 潘國森斗數教程（一）：入門篇 | 潘國森 |
| 紫微斗數登堂心得：三星秘訣篇——潘國森斗數教程（二） | 潘國森 |
| 紫微斗數不再玄 | 犂民 |
| 玄空風水心得（增訂版）（附流年催旺化煞秘訣） | 李泗達 |
| 玄空風水心得（二）——沈氏玄空學研究心得（修訂版）附流年飛星佈局 | 李泗達 |
| 廖氏家傳玄命風水學（一）——基礎篇及玄關地命篇 | 廖民生 |
| 廖氏家傳玄命風水學（二）——玄空斗秘篇 | 廖民生 |
| 廖氏家傳玄命風水學（三）——楊公鎮山訣篇 附 斷驗及調風水 | 廖民生 |
| 廖氏家傳玄命風水學（四）——秘訣篇：些子訣、兩元挨星、擇吉等 | 廖民生 |
| 《象數易——六爻透視：入門及推斷》修訂版 | 愚人 |
| 《象數易——六爻透視 財股兩望》 | 愚人 |
| 《象數易——六爻透視：病在何方》 | 愚人 |
| 《象數易——六爻透視：自身揭秘》 | 愚人 |
| 命卜隨筆 | 林子傑 |

# 心一堂 易學經典文庫　已出版及即將出版書目

| | |
|---|---|
| 宋本焦氏易林（上）（下） | 【漢】焦贛 |
| 周易易解（原版）（上）（下） | 【清】沈竹礽 |
| 《周易示兒錄》附《周易說餘》 | 【清】沈竹礽 |
| 三易新論（上）（中）（下） | 沈瓞民 |
| 《周易孟氏學》《周易孟氏學遺補》《孟氏易傳授考》 | 沈瓞民 |
| 京氏易八卷（清《木犀軒叢書》刊本） | 【漢】京房 |
| 京氏易傳古本五種 | 【漢】京房 |
| 京氏易傳箋註 | 【民國】徐昂 |
| 推易始末 | 【清】毛奇齡 |
| 刪訂來氏象數圖說 | 【清】張恩霨 |
| 周易卦變解八宮說 | 【清】吳灌先 |
| 易觸 | 【清】賀子翼 |
| 易義淺述 | 何遯翁 |

書名：京氏易八卷本
系列：易學經典文庫
原著：【漢】京房
主編•責任編輯：陳劍聰

出版：心一堂有限公司
通訊地址：香港九龍旺角彌敦道六一〇號荷李活商業中心十八樓〇五一〇六室
深港讀者服務中心：中國深圳市羅湖區立新路六號羅湖商業大厦負一層〇〇八室
電話號碼：(852) 67150840
網址：publish.sunyata.cc
淘宝店地址：https://shop210782774.taobao.com
微店地址： https://weidian.com/s/1212826297
臉書： https://www.facebook.com/sunyatabook
讀者論壇： http://bbs.sunyata.cc

香港發行：香港聯合書刊物流有限公司
地址：香港新界大埔汀麗路36號中華商務印刷大廈3樓
電話號碼：(852) 2150-2100
傳真號碼：(852) 2407-3062
電郵：info@suplogistics.com.hk

台灣發行：秀威資訊科技股份有限公司
地址：台灣台北市內湖區瑞光路七十六巷六十五號一樓
電話號碼：+886-2-2796-3638
傳真號碼：+886-2-2796-1377
網絡書店：www.bodbooks.com.tw
心一堂台灣秀威書店讀者服務中心：
地址：台灣台北市中山區松江路二〇九號1樓
電話號碼：+886-2-2518-0207
傳真號碼：+886-2-2518-0778
網址：http://www.govbooks.com.tw

中國大陸發行 零售：深圳心一堂文化傳播有限公司
深圳地址：深圳市羅湖區立新路六號羅湖商業大厦負一層008室
電話號碼：(86)0755-82224934

版次：二零一九年六月初版，平裝

心一堂微店二維碼 心一堂淘寶店二維碼

定價： 港幣 一百九十八元正
新台幣 七百九十八元正

國際書號 ISBN 978-988-8582-81-5